丘陵山区迈向绿色高效农业丛书

现代农产品质量安全
实/用/技/术/问/答

胡盛新　余文畅　胡光灿 ◎ 主编

XIANDAI
NONGCHANPIN ZHILIANG ANQUAN
SHIYONG JISHU WENDA

长江出版传媒　湖北科学技术出版社

图书在版编目（CIP）数据

现代农产品质量安全实用技术问答／胡盛新，余文畅，胡光灿主编. --武汉：湖北科学技术出版社，2019.3
（丘陵山区迈向绿色高效农业丛书）
ISBN 978-7-5706-0601-6

Ⅰ．①现… Ⅱ．①胡… ②余… ③胡… Ⅲ．①农产品—质量管理—安全管理—问题解答 Ⅳ．①F307.5-44

中国版本图书馆CIP数据核字（2019）第023048号

现代农产品质量安全实用技术问答
XIANDAI NONGCHANPIN ZHILIANG ANQUAN SHIYONG JISHU WENDA

责任编辑：邱新友　罗晨薇		封面设计：曾雅明

出版发行：湖北科学技术出版社	电话：027-87679468
地　　址：武汉市雄楚大街268号	邮编：430070
（湖北出版文化城B座13-14层）	
网　　址：http://www.hbstp.com.cn	
印　　刷：湖北新华印务有限公司	邮编：430035

787×1092	1/16　　　7.75 印张	146 千字
2019年5月第1版		2019年5月第1次印刷
		定价：28.00元

本书如有印装质量问题　可找本社市场部更换

《现代农产品质量安全实用技术问答》
编委会

主　　编　胡盛新　余文畅　胡光灿
副 主 编　叶　晖　刘　云　王前涛　汤万香
编写人员（按姓氏笔画排序）
　　　　　　王诗平　王晓宇　刘　冬　杨　军　杨　青
　　　　　　余宗桦　张　滢　陈丽琳　费仁雷　曹　红
　　　　　　熊佳林

前 言

民以食为天,食以安为先。农产品质量安全是食品安全的前提和基础,关系到人民群众的身体健康和生命安全,关系到农民增收和农业发展,关系到社会的和谐和稳定。近年来,农产品质量安全是社会关注的热点问题,人们对农产品质量安全也提出了新的更高的要求。提高农产品质量安全水平,让人们吃上安全农产品,不仅是政府义不容辞的责任,更是农产品生产者应有的责任。这就需要农产品生产者严格实行标准化生产,管控好农产品生产的每一个环节。

生产环节是农产品从田间到餐桌的一个重要环节,也是非常关键的环节。掌握必要的农产品安全生产技术,提高标准化生产能力对保障农产品源头安全尤为重要。

本书集农产品质量安全基础知识、科学施肥技术、安全用药技术、绿色防控技术、标准化生产技术、农产品质量安全检验检测技术、生活小常识为一体,采用通俗易懂的问答方式,较为全面地介绍了农产品质量安全相关知识,具有较强的实用性、操作性和指导性。希望能对广大农产品生产者和监管者有所助益,推动农产品质量安全整体水平的提升。

本书在编写过程中,参考了部分文献资料,在此一并致谢。

编　者
2019 年 1 月

目录 CONTENTS

一、农产品质量安全基础知识

1	什么是农产品质量安全？	1
2	农产品质量安全法律法规主要有哪些？	1
3	农产品质量安全的潜在危害因素包括哪些？	1
4	什么是食品安全？	1
5	农产品质量安全的监管部门有哪些？	1
6	乡镇农产品质量安全监管部门有哪些主要职责？	1
7	村民委员会也有农产品质量安全管理职责吗？	2
8	《中华人民共和国农产品质量安全法》中对农产品产地环境的要求有哪些？	2
9	农产品生产过程中禁止哪些行为？	2
10	《湖北省实施〈中华人民共和国农产品质量安全法〉办法》中对农业投入品经营的要求有哪些？	2
11	哪些农产品不得上市销售？	3
12	农产品生产企业、专业合作社未建立或未按规定保存生产记录，或者伪造生产记录是违法行为吗？	3
13	农产品生产过程使用的保鲜剂、防腐剂、添加剂等材料不符合国家有关强制性技术规范有哪些处罚方式？	3
14	销售含有国家禁止使用的农药、兽药或者其他化学物质的农产品有哪些处罚方式？	3
15	销售的农产品中农药、兽药等化学物质残留或者含有的重金属等有毒有害物质不符合农产品质量安全标准会受到何种处罚？	4
16	销售的农产品中含有的致病性寄生虫、微生物或者生物毒素不符合农产品质量安全标准会受到何种处罚？	4
17	冒用无公害农产品、绿色食品、有机农产品及国家地理保护农产品标志违法吗？	4
18	个体农户违反《中华人民共和国农产品质量安全法》会受到处罚吗？	4

二、科学施肥技术

19	什么是肥料？	5
20	为什么要施肥？	5
21	肥料分为哪些种类？	5
22	什么是化学肥料？	5
23	化学肥料有哪些优缺点？	5
24	氮肥主要有哪些种类？	6
25	氮肥的主要作用是什么？	6
26	磷肥主要有哪些种类？	6
27	磷肥的主要作用是什么？	6
28	钾肥主要有哪些种类？	6
29	钾肥的主要作用是什么？	6
30	有机肥的种类有哪些？	6
31	施用有机肥有哪些好处？	6
32	如何识别真假化学肥料？	7
33	如何从包装上识别真假化肥？	7
34	购买肥料时应注意哪些事项？	8
35	作物施肥的方式有哪几种？	8
36	施用化肥应注意哪些问题？	8
37	如何合理施用氮肥？	8
38	如何合理施用磷肥？	9
39	如何合理施用钾肥？	10
40	如何合理施用微肥？	10
41	如何合理施用有机肥？	11
42	有机肥使用注意事项有哪些？	11
43	如何合理施用农家肥？	11
44	哪些肥料不能混合施用？	12
45	什么是测土配方施肥？	12
46	为什么要实施测土配方施肥？	13
47	如何进行测土配方施肥？	13
48	绿色食品生产中应如何正确施用肥料？	14

49	生产无公害蔬菜对施肥有什么要求？	15
50	生产无公害柑橘对施肥有什么要求？	15
51	生产无公害茶叶对施肥有什么要求？	15
52	什么是水肥一体化？	16
53	水肥一体化的优势在哪？	16
54	水肥一体化的技术关键有哪些？	17
55	什么是化肥减量增效技术？有哪些关键环节？	17

三、安全用药技术

56	什么是农药？	20
57	什么是农药三证？	20
58	什么是高毒农药、剧毒农药？	20
59	什么是限用农药？	20
60	什么是农药的安全间隔期？	20
61	农药残留超标有哪些危害？	21
62	国家明令禁止使用的农药有哪些？	21
63	在蔬菜、果树、茶叶、中草药材等国家规定的农作物上禁止使用和限制使用的农药有哪些？	21
64	禁止使用的渔药有哪些？	21
65	新修订《农药管理条例》规定哪些是假农药？	21
66	新修订《农药管理条例》规定哪些是劣质农药？	22
67	购买农药时应注意哪些问题？	22
68	如何科学购买农药？	22
69	如何从农药标签及包装外观上识别真假农药？	22
70	如何从农药物质形态上识别真假农药？	23
71	如何安全科学合理使用农药？	23
72	无公害蔬菜生产中应如何选择农药？	23
73	无公害蔬菜生产中禁止使用的农药种类有哪些？	23
74	绿色蔬菜生产中应如何合理使用农药？	23
75	有机蔬菜生产中应如何合理使用农药？	24
76	如何预防农药残留超标？	24
77	什么是生物农药？	24

78	生物农药有哪些常见的种类？	25
79	使用生物农药有哪些好处？	25
80	生物农药的使用方法是怎样的？要注意些什么？	25
81	农作物病虫害防治时应遵循的主要原则是什么？	26
82	农药残留高低受什么因素的影响？	26
83	新修订《农药管理条例》对乱用农药做了哪些处罚规定？	26
84	什么是农药经营处方制？	27
85	农药经营者对购买者有哪些告知义务？	27
86	农药标签一般要求标注哪些内容？	27
87	农民使用农药要注意哪些问题？	27
88	什么是农药减量增效技术？有哪些关键环节？	28

四、绿色防控技术

89	什么是农作物病虫害综合防治？	30
90	什么是农作物病虫害绿色防控？	30
91	为什么要开展农作物病虫害全程绿色防控？	30
92	生产上如何将病虫害的绿色防控与统防统治融合？	30
93	常用的病虫害绿色防控集成技术有哪些？	31
94	什么是农业防治？	31
95	农业防治的主要措施有哪些？	31
96	什么是生物防治？	31
97	生物防治有哪些方法？	31
98	什么是物理防治？	31
99	物理防治有哪些方法？	31
100	农作物病虫害监测有哪些常见的方法？	32
101	为什么要大力推广病虫害专业化统防统治？	32
102	推动病虫害统防统治有哪些关键环节？	32
103	目前有哪些先进的植保器械？	32
104	水稻常见的病虫害主要有哪些？	32
105	水稻病虫害绿色防控有哪些集成技术？	33
106	什么是水稻"两迁"害虫？有哪些发生特点？	33
107	水稻稻飞虱有哪些防治技术？	33

108	水稻稻纵卷叶螟有哪些防治技术？	33
109	水稻二化螟有什么发生特点？	33
110	水稻二化螟有哪些绿色防控技术？	34
111	水稻稻瘟病有什么发生特点？	34
112	水稻稻瘟病有哪些绿色防控技术？	34
113	水稻纹枯病有什么发生特点？	34
114	水稻纹枯病有哪些绿色防控技术？	35
115	水稻稻曲病有什么发生特点？	35
116	水稻稻曲病防治的关键是什么？	35
117	南方水稻黑条矮缩病有哪些发病特征？如何防治？	35
118	如何防治小麦条锈病？	36
119	防治小麦赤霉病的关键是什么？	36
120	油菜菌核病有什么发生特点？如何防治？	36
121	玉米有哪些常见的病虫害？	37
122	玉米病虫害绿色防控有哪些技术要点？	37
123	柑橘上有哪些常见的病虫害？	37
124	柑橘病虫害绿色防控技术要点是什么？	37
125	柑橘大实蝇发生规律是什么？	38
126	目前有哪些有效的柑橘大实蝇防治方法？	38
127	柑橘红蜘蛛有什么发生规律？	38
128	柑橘锈壁虱有什么发生规律？	39
129	如何防治柑橘螨类？	39
130	柑橘砂皮病有什么发生特点？如何防治？	39
131	柑橘潜叶蛾有什么发生特点？如何防治？	40
132	柑橘花蕾蛆有什么发生特点？如何防治？	40
133	近年来,茶园病虫害演替有什么特点？	40
134	影响茶叶质量安全的关键是什么？	41
135	为什么茶叶更易发生农残超标？	41
136	选择茶园用农药的基本原则是什么？	41
137	为什么要替代吡虫啉、啶虫脒、三唑磷在茶叶上的使用？	41
138	防治茶叶病虫害有哪些常见的生物农药种类？	41
139	茶树病虫害绿色防控技术要点是什么？	42
140	茶尺蠖有什么发生规律？如何进行防治？	42
141	茶小绿叶蝉有什么发生规律？如何进行防治？	43

142	茶炭疽病有什么发病特点？如何进行防治？	43
143	如何防治大白菜软腐病？	43
144	黄瓜霜霉病有什么发病规律？如何防治？	44
145	怎样减少蔬菜重茬和土传病害的发生？	44
146	蔬菜病虫害绿色防控技术有哪些技术要点？	44
147	白菜等十字花科蔬菜根肿病危害症状及防治措施有哪些？	45

五、标准化生产技术

148	什么是农业标准化？	46
149	什么是农业标准？	46
150	农业标准分哪几类？	46
151	什么是农产品质量安全标准？	46
152	如何获取农产品生产标准？	46
153	什么是农产品标准化生产？	47
154	种植业农产品安全生产中，如何进行产地选择？	47
155	农产品生产记录应包括哪些内容？农产品生产记录一般应保存多长时间？	47
156	哪些农产品销售时必须包装？	47
157	包装农产品的材料有规定吗？	48
158	农产品包装物上应当标注哪些标识？	48
159	什么是农产品产地准出？	48
160	农产品产地准出的条件是什么？	48
161	产地准出凭证有哪些？	48
162	如何获取产地准出凭证？	48
163	农产品运输环节中如何保障质量安全？	49
164	什么是农业"三品一标"？	49
165	发展"三品一标"对农产品质量安全能起到什么作用？	49
166	发展"三品一标"对生态环境保护有什么好处？	49
167	发展"三品一标"对农民增收有什么作用？	49
168	无公害农产品、绿色食品、有机农产品及农产品地理标志的区别与联系何在？	49
169	冒用"三品一标"标志行为如何进行处罚？	50
170	成功申报"三品一标"有扶持政策吗？	50
171	"三品一标"有期限规定吗？到期了要怎么办？	51

172	对"三品一标"的监管主要体现在哪些方面？	51
173	"三品一标"生产记录主要记些什么内容？	51
174	什么是"三品一标"内检员？	52
175	"三品一标"企业内检员的职责有哪些？	52
176	"三品一标"监管人员需要一些什么资质？	52
177	"三品一标"农产品加贴统一防伪标识有什么好处？	52
178	"三品一标"由哪些部门负责认证登记工作？	53
179	什么是无公害农产品？	53
180	无公害农产品标志图形的含义是什么？	53
181	无公害农产品应具备哪些条件？	53
182	无公害农产品认证的功能作用？	54
183	凡是质量安全的农产品都可以叫"无公害农产品"吗？	54
184	无公害农产品生产管理有哪些方面？	54
185	无公害农产品认证包括哪些方面？	54
186	如何申报无公害农产品？要多长时间？	54
187	什么是无公害农产品复查换证？	55
188	不使用农药生产出来的农产品就是无公害农产品吗？	55
189	无公害农产品防伪标识有哪几种？如何鉴别？	55
190	什么情况下将取消无公害农产品的认证证书？	56
191	什么是绿色食品？	56
192	绿色食品标志图形的含义是什么？	56
193	绿色食品应具备哪些条件？	56
194	绿色食品产地环境质量标准包括哪些内容？	57
195	申报绿色食品如何进行环境监测评价？	57
196	绿色食品标准中对土壤有什么要求？	57
197	种植绿色食品农作物要用什么样的水进行灌溉？	58
198	种植绿色食品农作物对空气质量有什么要求？	58
199	为什么生产绿色食品首先要遵守绿色食品产地环境质量标准？	58
200	绿色食品产品包装上的企业信息码的含义是什么？	58
201	绿色食品标志在产品包装上通常如何使用？	58
202	绿色食品标志使用权是终身制吗？	59
203	在市场上如何购买绿色食品？	59
204	生产绿色食品应遵循什么样的原则？	59
205	绿色食品内在的质量特征是什么？	59

206	绿色食品标准与普通的食品标准有什么不同?	59
207	绿色食品产品涵盖哪些类别?	60
208	绿色食品产品标准中对检验结果如何进行判定?	60
209	野生食品、天然食品是不是绿色食品,为什么?	60
210	绿色食品能使用转基因技术吗?	61
211	绿色食品对贮藏有什么要求?	61
212	绿色食品对运输有什么要求?	61
213	绿色食品生产中对肥料使用有什么要求?	62
214	绿色食品种植过程中是不是不允许使用任何农药?	62
215	绿色食品农药使用准则中规定的农药使用的原则是什么?	62
216	绿色食品标准中农药安全间隔期的含义是什么?	62
217	绿色食品生产中是否允许使用植物生长调节剂?	62
218	绿色食品标准中对消毒剂的使用有何规定?	63
219	绿色食品标准中对疫苗的使用有何规定?	63
220	绿色食品标准中重视动物福利的意义是什么?如何体现对动物福利的重视?	63
221	绿色食品畜禽养殖中的卫生防疫问题怎么解决?	63
222	绿色食品标准中是否允许使用化学合成的食品添加剂?	64
223	绿色食品使用添加剂的基本要求和可使用情况有哪些?	65
224	绿色食品水产养殖使用渔药应遵循什么原则?	65
225	绿色食品水产养殖可以用哪些渔药?	65
226	绿色食品重点监控哪些环节?	66
227	如何申报绿色食品?要多长时间?	66
228	什么情况下将取消绿色食品的认证证书?	66
229	什么叫绿色食品企业年检?主要检查什么?	66
230	绿色食品续展要怎么做?	67
231	什么是有机农产品?	67
232	有机农业就是传统农业吗?	67
233	有机认证有哪些机构?农业部门有哪个机构可以开展有机认证?	67
234	中国有机产品标志及中绿华夏有机食品标志含义是什么?	68
235	在中绿华夏如何申报有机产品?要多长时间?	68
236	有机农产品怎样保持认证?	69
237	有机农产品应具备哪些条件?	69
238	有机农产品对产地环境有怎样的要求?	69
239	有机农产品对农业投入品有什么要求?	69

240	有机农产品为什么价格相对较高？	69
241	有机农产品的生产、加工、销售如何保证真实、有效和可追溯？	69
242	有机农产品是绝对无污染食品吗？	70
243	什么情况下将取消有机产品的认证证书？	70
244	什么是农产品地理标志？	70
245	农产品地理标志图形的含义是什么？	70
246	哪些产品可以申请农产品地理标志登记？	71
247	农产品地理标志名称如何确定？	71
248	企业和个人能否作为农产品地理标志登记申请人？	71
249	农产品地理标志申请登记需要提交哪些材料？	71
250	农产品地理标志登记应当符合哪些条件？	71
251	什么是农产品地理标志产品特定的生产方式？	72
252	什么是农产品地理标志独特的自然生态环境？	72
253	什么是农产品地理标志人文历史因素？	72
254	为什么农产品地理标志登记申请人需要政府授权？	72
255	农产品地理标志使用人应具备什么条件？	72
256	农产品地理标志使用协议时限为几年？	72
257	农产品地理标志登记收取费用吗？	72
258	农产品地理标志登记申请人应具备哪些资质？	73
259	如何申请使用农产品地理标志？	73
260	农产品地理标志登记证书持有人与标志使用人是什么关系？	73
261	农产品地理标志使用人享有哪些权利？	74
262	农产品地理标志使用人承担哪些义务？	74

六、农产品质量安全检验检测技术

263	农产品质量安全例行监测和监督抽查的区别？	75
264	农户和合作社生产的农产品可以请哪些单位进行检测？	75
265	哪些检测单位的检测报告具有法律效力？	75
266	检测机构的"双认证"是什么意思？	75
267	快速检测中哪些农产品容易出现假阳性？	75
268	农药残留快速检测（速测卡法）应注意哪些事项？	76
269	卡片式快速检测与酶抑制率快速检测的区别？	76

270	农产品质量检测依据是什么？	76
271	国家对农产品中农药最大残留限量标准是什么？	77

七、生活小常识

272	萝卜、胡萝卜应如何选购？	78
273	根用芥菜应如何选购？	78
274	大白菜应如何选购？	79
275	包菜（结球甘蓝）应如何选购？	79
276	结球生菜（结球莴苣）应如何选购？	79
277	菠菜应如何选购？	79
278	芹菜应如何选购？	80
279	莴笋应如何选购？	80
280	芥蓝应如何选购？	81
281	花菜应如何选购？	81
282	紫菜薹应如何选购？	81
283	大葱应如何选购？	82
284	洋葱应如何选购？	82
285	韭菜应如何选购？	83
286	大蒜应如何选购？	83
287	茄子应如何选购？	83
288	番茄应如何选购？	84
289	辣椒应如何选购？	84
290	菜豆应如何选购？	85
291	豇豆应如何选购？	85
292	蚕豆和豌豆应如何选购？	85
293	黄瓜应如何选购？	85
294	冬瓜应如何选购？	86
295	南瓜应如何选购？	86
296	西葫芦应如何选购？	86
297	西瓜应如何选购？	87
298	甜瓜应如何选购？	87
299	土豆应如何选购？	88

300	姜应如何选购？	88
301	山药应如何选购？	89
302	茭白应如何选购？	89
303	藕应如何选购？	89
304	鲜黄花菜应如何选购？	90
305	如何进行蔬菜的分级？	90
306	蔬菜如何保鲜？	91
307	蔬菜应如何吃更有营养？	91
308	不同季节哪些蔬菜容易受到农药的污染？	91
309	如何选购梨？	91
310	如何选购桃？	92
311	如何选购椪柑？	92
312	纽荷尔脐橙越大越好吗？	93
313	草莓长成畸形是用了激素吗？	93
314	土豆发芽能吃吗？	94
315	如何预防四季豆中毒？	94
316	野菜都是安全蔬菜,这种观点正确吗？	94
317	有虫眼的蔬菜就一定是安全的吗？	95
318	购买的新鲜蔬菜应浸泡几小时后方能食用,这种观点正确吗？	95
319	买到假冒劣质农产品后该怎么办？	95
320	如何选购河蟹？	95
321	如何清洗和烧煮河蟹？	96
322	如何选购银鱼干和新鲜银鱼？	96
323	海蜇干品如何鉴别与选购？	97
324	如何选购海参？	97
325	如何选购鱿鱼？	98
326	如何选购墨鱼？	98
327	如何选择干贝？	99
328	如何选购虾米及虾皮？	99
329	如何选购鱼肚？	99
330	如何选购鱼翅？	99
331	如何选购碱发水产品？	100
332	如何鉴别家养甲鱼与野生甲鱼？	100
333	如何鉴别甲醛泡发的水产品？	100

334	如何鉴别黑木耳的品质？	101
335	如何区分银耳质量优劣？	101
336	如何识别有毒蘑菇？	102
337	茶叶分几大类？是按什么标准分类的？每类的代表产品有哪些？宜昌生产哪几类茶？	102
338	如何区别陈茶和新茶？	102
339	如何辨别春茶、夏茶和秋茶？	103
340	如何区别高山绿茶和低山绿茶？	103
341	泡茶时倒掉头道茶的好处有哪些？	103
342	茶叶的贮藏方法有哪些？	103
343	有机磷中毒有哪些症状？	104
344	氨基甲酸酯类农药中毒有哪些症状？	104
345	有机氯农药中毒有哪些症状？	104
346	拟除虫菊酯类农药中毒有哪些症状？	104

参考文献 …… 106

一、农产品质量安全基础知识

1 什么是农产品质量安全?

农产品质量安全是指农产品必须符合国家法律、行政法规和国家标准、行业标准,满足保障人的健康、安全的要求,不存在危及健康和安全的不合理的危险,不得超出有毒有害物质的限量要求。

2 农产品质量安全法律法规主要有哪些?

农产品质量安全法律法规主要有《中华人民共和国农产品质量安全法》《中华人民共和国农业部令(第71号)》《湖北省实施〈中华人民共和国农产品质量安全法〉办法》等。

3 农产品质量安全的潜在危害因素包括哪些?

农产品种植养殖生产过程中使用农药、化肥、兽药等带来的危害;农作物采收、存储或运输不当,发生霉变或微生物污染;农产品加工、存储或运输不当,造成食品添加剂、重金属、微生物等污染;食品发生腐败变质。

4 什么是食品安全?

食品安全是指食品无毒、无害,符合应当有的营养要求,对人体健康不造成任何急性、亚急性或者慢性危害。

5 农产品质量安全的监管部门有哪些?

农产品质量安全监管部门有农业局、食品药品监督管理局、公安局、工商局、商务局、卫生局等。

6 乡镇农产品质量安全监管部门有哪些主要职责?

乡镇农产品质量安全监管部门的主要职责:宣传贯彻农产品质量安全法律法

规;承担对种植、养殖过程的督导巡查工作,重点对农产品生产企业、农民专业合作经济组织、家庭农场、种养大户等生产主体的农业投入品使用情况和履行法定职责情况进行监管;承担农产品质量安全产地准出制度实施工作;协助县级农业等部门开展农药、肥料两大类农业投入品经营环节监管、开展农产品质量安全监督抽检,做好农产品质量安全事故调查处理、应急处置和监管执法工作;及时向县级农业等部门报告农产品质量安全监管信息和工作进展情况;完成县级农业等部门和乡镇人民政府交办的其他工作。

村民委员会也有农产品质量安全管理职责吗?

有。《湖北省实施〈中华人民共和国农产品质量安全法〉办法》中规定"村民委员会应当做好本村农产品质量安全管理工作,加强对农产品质量安全生产经营活动的宣传、教育和引导"。

《中华人民共和国农产品质量安全法》中对农产品产地环境的要求有哪些?

《中华人民共和国农产品质量安全法》中对农产品产地环境的要求有:

(1)禁止在有毒有害物质超过规定标准的区域生产、捕捞、采集食用农产品和建立农产品生产基地。

(2)禁止违反法律、法规向农产品产地排放或者倾倒废水、废气、固体废物或者其他有毒有害物质。农业生产用水和用作肥料的固体废物,应当符合国家规定的标准。

(3)农产品生产者应当合理使用化肥、农药、兽药、农用薄膜等化工产品,防止对农产品产地造成污染。

农产品生产过程中禁止哪些行为?

农产品生产过程中禁止下列行为:
(1)使用国家禁止使用的农业投入品。
(2)超范围、超标准使用国家限制使用的农业投入品。
(3)使用农药捕捞、捕猎。
(4)收获、屠宰、捕捞未达到安全间隔期、休药期的农产品。
(5)法律、法规禁止的其他行为。

《湖北省实施〈中华人民共和国农产品质量安全法〉办法》中对农业投入品经营的要求有哪些?

《湖北省实施〈中华人民共和国农产品质量安全法〉办法》中对农业投入品经营

有以下要求:农业投入品经营者应当实行进货检查验收制度,查验供货方的营业执照、生产经营许可证、产品检验合格证,并保存其复印件。建立购销台账制度,记载农业投入品的名称、进货时间、来源、数量、生产企业、生产日期(批号)、产品登记证号(批准文号),以及销售时间、销售对象、销售数量等事项;购销台账保存期限不少于二年。鼓励推进农业投入品连锁经营。

哪些农产品不得上市销售?

《中华人民共和国农产品质量安全法》第三十三条规定有下列情形之一的农产品,不得销售:

(1)含有国家禁止使用的农药、兽药或者其他化学物质的。

(2)农药、兽药等化学物质残留或者含有的重金属等有毒有害物质不符合农产品质量安全标准的。

(3)含有的致病性寄生虫、微生物或者生物毒素不符合农产品质量安全标准的。

(4)使用的保鲜剂、防腐剂、添加剂等材料不符合国家有关强制性的技术规范的。

(5)其他不符合农产品质量安全标准的。

农产品生产企业、专业合作社未建立或未按规定保存生产记录,或者伪造生产记录是违法行为吗?

是。《中华人民共和国农产品质量安全法》第四十七条规定"农产品生产企业、农民专业合作经济组织未建立或者未按照规定保存农产品生产记录的,或者伪造农产品生产记录的,责令限期改正;逾期不改正的,可以处2 000元以下罚款"。

农产品生产过程使用的保鲜剂、防腐剂、添加剂等材料不符合国家有关强制性技术规范有哪些处罚方式?

《中华人民共和国农产品质量安全法》第四十九条规定"使用的保鲜剂、防腐剂、添加剂等材料不符合国家有关强制性的技术规范的,责令停止销售,对被污染的农产品进行无害化处理,对不能进行无害化处理的予以监督销毁;没收违法所得,并处2 000元以上20 000元以下罚款"。

销售含有国家禁止使用的农药、兽药或者其他化学物质的农产品有哪些处罚方式?

《中华人民共和国农产品质量安全法》第五十条规定"农产品生产企业、农民专业合作经济组织销售的农产品含有国家禁止使用的农药、兽药或者其他化学物质的,责令停止销售,追回已经销售的农产品,对违法销售的农产品进行无害化处理或者予以监督销毁;没收违法所得,并处2 000元以上20 000元以下罚款"。

15 销售的农产品中农药、兽药等化学物质残留或者含有的重金属等有毒有害物质不符合农产品质量安全标准会受到何种处罚?

《中华人民共和国农产品质量安全法》第五十条规定"农产品生产企业、农民专业合作经济组织销售的农产品中农药、兽药等化学物质残留或者含有的重金属等有毒有害物质不符合农产品质量安全标准的,责令停止销售,追回已经销售的农产品,对违法销售的农产品进行无害化处理或者予以监督销毁;没收违法所得,并处2 000元以上20 000元以下罚款"。

16 销售的农产品中含有的致病性寄生虫、微生物或者生物毒素不符合农产品质量安全标准会受到何种处罚?

《中华人民共和国农产品质量安全法》第五十条规定"农产品生产企业、农民专业合作经济组织销售的农产品中含有的致病性寄生虫、微生物或者生物毒素不符合农产品质量安全标准的,责令停止销售,追回已经销售的农产品,对违法销售的农产品进行无害化处理或者予以监督销毁;没收违法所得,并处2 000元以上20 000元以下罚款"。

17 冒用无公害农产品、绿色食品、有机农产品及国家地理保护农产品标志违法吗?

违法。《农产品包装和标识管理办法》中规定"禁止冒用无公害农产品、绿色食品、有机农产品等质量标志"。

18 个体农户违反《中华人民共和国农产品质量安全法》会受到处罚吗?

会。如《湖北省实施〈中华人民共和国农产品质量安全法〉办法》中第二十九条规定"违反第十三条'农产品生产中禁止的行为'的,由县级以上农业主管部门责令停止违法行为,对农产品进行无害化处理,并没收其违禁农业投入品,对个人可并处500元以上2 000元以下罚款"。

二、科学施肥技术

19 什么是肥料？

肥料是人们用以调节植物营养与培肥改土的一类物质。它包括有机肥料、无机肥料、微生物肥料等。

20 为什么要施肥？

农作物在生长发育过程中需要不同的营养元素来促进其生长发育，所需要的量是不同的，氮、磷、钾是植物需要的大量元素，另外钙、镁、硫、铁、锌、锰、铜、硼等中微量元素也是植物生长所必需的。但是植物生存环境中的营养元素往往不能满足其需求，尤其是其对氮、磷、钾的需求，所以就要通过额外施肥来补充植物的营养元素。

21 肥料分为哪些种类？

按肥料来源与组成的主要性质分为化学肥料、有机肥料、生物肥料和绿肥。按所含营养元素成分分为氮肥、磷肥、钾肥、中微量元素肥料、复合肥料等。按肥料状态分为固体肥料（包括粒状和粉状肥料）与液体肥料。按肥料中养分的有效性和供应速率分为速效肥料、缓效肥料、长效肥料和控释肥料等。

22 什么是化学肥料？

化学肥料是一类按照农作物生长发育所必需或有益的元素，经过合成、加工等工艺制造的肥料。

23 化学肥料有哪些优缺点？

优点：化学肥料所含肥料成分较高，有效成分含量高，体积小，运输和施用都较方便。除少数品种外，化肥大多易溶于水，易被植物吸收利用，是速效性肥料。

缺点：有的化肥所含副成分对土壤和作物可产生不良影响，而且有的化肥在作物生长期单独使用可造成土壤板结。另外，施化肥过多还可能导致环境的污染。

24 氮肥主要有哪些种类？

氮肥分为铵态氮肥、硝态氮肥、酰胺态氮肥和氰氨态氮肥。

25 氮肥的主要作用是什么？

提高生物总量和经济产量；改善农产品的营养价值，特别能增加种子中蛋白质含量，提高食品的营养价值。

26 磷肥主要有哪些种类？

按溶解度可分为水溶性磷肥（过磷酸钙、重过磷酸钙、氨化过磷酸钙），枸溶性磷肥（钙镁磷肥、钢渣磷肥、脱氟磷肥），难溶性磷肥（磷矿粉、骨粉）和新型磷肥（聚磷酸和聚磷酸铵）。

27 磷肥的主要作用是什么？

促使作物根系发达，增强抗寒抗旱能力；促进作物提早成熟，穗粒增多，籽粒饱满，提高瓜果的坐果率和品质。

28 钾肥主要有哪些种类？

钾肥主要有氯化钾，硫酸钾，窑灰钾肥，草木灰等。

29 钾肥的主要作用是什么？

钾肥能够促使作物生长健壮，茎秆粗硬，增强病虫害和倒伏的抵抗能力；促进糖分和淀粉的生成。

30 有机肥的种类有哪些？

有机肥分为商品有机肥、堆肥、沤肥、畜禽粪便、人粪尿、饼肥、植物秸秆、绿肥等。

31 施用有机肥有哪些好处？

(1) 提高土壤有机质，改善土壤物理化学性质。
(2) 提供养分和活性物质。
(3) 活化土壤养分，提高养分利用率。
(4) 提高作物品质，增强作物抗逆性。
(5) 减少污染，化"害"为利。

32. 如何识别真假化学肥料？

（1）首先要看外包装。包装上是否标明商标、生产许可证号、登记证号、养分含量、厂名、厂址等。

（2）再用火烧。将化肥置于铁皮上烧有氨臭味，说明含氮且逐渐融化，燃烧一会有较少的残留物则为优质化肥。

（3）然后用水溶。把化肥置于水瓶中，加适量水，用力摇水瓶。优质化肥水溶性特别好，大部分能够溶解，即使有少量残留物也特别细小。而劣质肥料不易溶于水，且残渣粗糙坚硬。

（4）用手摸。一般优质化肥质地都比较硬，不会掉渣，即使掉渣也很少。而劣质的化肥很容易碾碎，满手是粉末，而且特别多。

（5）闻。化肥是以化工产品为原料生产的，闻起来肯定有一股刺鼻的味道，类似于新买的塑料布。

33. 如何从包装上识别真假化肥？

（1）购买化肥可先考查实际重量与外包装标识重量是否相符。同时检查封口，封口开封的、松动的、不规范的、二次缝包的，购买时要慎重。

（2）产品名称不允许带有不实、夸大性质的词语，如"**肥王""全元素**肥料"等。

（3）复合肥（复混肥）养分含量氮、磷、钾以阿拉伯数字表示，不允许带有"±"。

（4）总养分标明值≥单养分标明值总和。中量元素钙、镁、硫，微量元素硼、锰、铁、锌、铜、钼等可标明含量，但不宜与主要养分相加，微量元素低于0.02%或中量元素含量低于2%的不得标明。

（5）对国家规定实施产品许可证管理的产品应标明生产许可证编号。

（6）国家规定除硫酸铵、尿素、硝酸铵、磷酸一铵、磷酸二铵、磷酸二氢钾、过磷酸钙、氯化钾、硫酸钾、碳酸氢铵、单一微量元素、高浓度（大量元素总含量≥40%）复合肥等17种常用大宗化肥以外的叶面肥、微生物肥、复混肥、低浓度复合肥、有机无机复合（复混）肥实行产品登记证管理，其中叶面肥、微生物肥属农业部登记管理，复混肥、有机无机复合（复混）肥属生产厂所在省肥料主管部门登记，产品包装上应标明肥料登记号。

（7）应标明肥料产品执行的标准字号，如"GB-*****"（国家标准）、"NY-*****"（农业部颁行业标准）、"QB-****"（企业标准）。对17种常用大宗化肥，必须执行国家标准。

（8）应标明产品合格证（质量证明书）或产品外包装上标明肥料产品的生产日

期或批号。

(9)应标明生产者或经销商的名称、地址。

34 购买肥料时应注意哪些事项？

购买化肥时首先要注意肥料是否有肥料登记证。我国现行肥料管理体制主要是实行肥料登记制度。除了常规的单质氮肥、磷肥、钾肥和用作肥料的化工产品如单质微量元素、磷酸二氢钾等外，其余的肥料基本上都实行登记制度。产品如果在包装袋上未标明肥料登记证，就是没有经过国家有关部门的审定，是否有增产、改善品质等效果也就难以保证。其次要注意肥料包装标识。看产品名称是否规范。肥料产品通常有通用名称。

35 作物施肥的方式有哪几种？

基肥的施用方式有撒施法，条施法，穴施法，分层施肥法；种肥的施用方式有拌种法，浸种法，沾秧根法，盖种肥法；追肥的施用方式有撒施法，条施法，穴施法，环施法，喷施法。

36 施用化肥应注意哪些问题？

(1)尿素用后不宜立即浇水。

(2)碳酸氢铵不宜施在土壤表面。

(3)碳酸氢铵不宜在温室和大棚内施用。

(4)铵态氮化肥勿与碱性肥料混施。

(5)硝态氮化肥勿在稻田施用。

(6)硫酸铵不宜长期施用。

(7)磷肥不宜分散施用。

(8)磷、钾肥不宜在作物生长后期施用。

(9)含氯化肥忌长期单独施用，并避免在忌氯作物上施用。

(10)含氮复合肥不宜大量用于豆科作物。

37 如何合理施用氮肥？

(1)根据各种氮肥特性加以区别对待。碳酸氢铵和氨水易挥发跑氨，宜作基肥深施；硝态氮肥在土壤中移动性强，肥效快，是旱田的良好追肥；一般水田作追肥可用铵态氮肥或尿素。有些肥料对种子有毒害，如尿素、碳酸氢铵、氨水、石灰氮等，不宜作种肥；硫酸铵等尽管可作种肥，但用量不宜过多，并且肥料与种子间最好有土壤隔离。在雨量偏少的干旱区，硝态氮肥的淋失问题不突出，因此以施用硝态氮肥较合适,在多雨地区或降雨季节,以施用铵态氮肥和尿素较好。

(2)要将氮肥深施。氮肥深施可以减少肥料的直接挥发、随水流失、硝化脱氮等方面的损失。深层施肥还有利于根系发育,使根系深扎,扩大营养面积。

(3)合理配施其他肥料。氮肥与有机肥配合施用对夺取作物高产、稳产,对降低成本具有重要作用,这样做不仅可以更好地满足作物对养分的需要,而且还可以培肥地力。氮肥与磷肥配合施用,可提高氮、磷两种养分的利用效果,尤其在土壤肥力较低的土壤上,氮肥与磷肥配合施用效果更好。在有效钾含量不足的土壤上,氮肥与钾肥配合施用,也能提高氮肥的效果。

(4)氮肥的合理用量。根据作物的目标产量和土壤的供氮能力,确定氮肥的合理用量,并且合理掌握底肥、追肥比例及施用时期,这要因具体作物而定,并与灌溉、耕作等农艺措施相结合。

38 如何合理施用磷肥?

(1)作物对磷肥的需求。凡对磷反应敏感的喜磷植物,如豆科作物、甘蔗、甜菜、油菜、萝卜、荞麦、玉米、番茄、土豆和果树等,应优先分配磷肥。其中豆科作物、油菜、荞麦和果树吸磷能力强,可施一些难溶性磷肥。而薯类虽对磷肥反应敏感,但吸收能力差,以施水溶性磷肥为好。在轮作地区应掌握"旱重水轻"原则。

(2)以种肥、基肥为主,根外追肥为辅。从作物不同生育期来看,作物磷素营养临界期一般都在早期,如水稻、小麦在3叶期,棉花在2~3叶期,玉米在5叶期,都是作物生长前期,如施足种肥,就可以满足这一时期对磷的需求;否则,磷素营养在磷素营养临界期供应不足,至少减产15%。在作物生长旺期,对磷的需求量很大,但此时根系发达,吸磷能力强,一般可利用基肥中的磷。因此,在条件允许时,1/3作种肥,2/3作基肥,是最适宜的磷肥分配方案。如磷肥不足,则首先作种肥,既可在苗期利用,又可在生长旺期利用。生长后期,作物主要通过体内的磷再分配和再利用来满足后期各器官的需要,因此,多数作物只要在前期能充分满足其磷素营养的需要,在后期对磷的反应就差一些。但有些作物如棉花在结铃开花期、大豆在结荚开花期、红薯在块根膨大期均需较多的磷,这时我们可以采用根外追肥的方法。根外追肥的浓度:单子叶植物如水稻、小麦及果树的喷施浓度为1%~3%,双子叶植物如棉花、油菜、番茄、黄瓜等为0.5%~1.0%(过磷酸钙)。

(3)磷肥的有效施用。磷肥是化学肥料当中利用率最低的,当季作物一般只能利用10%~25%。其主要原因是磷在土壤中易被固定。为了提高磷肥的利用,应增加磷肥与根系的接触面积。

39 如何合理施用钾肥？

（1）因土施用。由于目前钾肥资源紧缺，钾肥应首先投放在土壤严重缺钾的区域。一般土壤速效钾低于80毫克/千克时，钾肥效果明显，要增施钾肥；土壤速效钾在80～120毫克/千克时，少施或暂不施钾肥。从土壤质地看，沙质土速效钾含量往往较低，应增施钾肥；黏质土速效钾含量往往较高，可少施或不施。缺钾又缺硫的土壤可施硫酸钾。

（2）因作物施用。施于喜钾作物和豆科作物、薯类作物、棉、麻、烟等经济作物，以及禾谷类的玉米、杂交稻等。

（3）在多雨地区或具有灌溉条件、排水状况良好的地区，大多数作物都可施用氯化钾，少数经济作物为改善品质，不宜施用氯化钾。根据农业生产对产品性状的要求及其用途决定钾肥的合理施用。此外，由于不同作物需钾量不同及根系的吸钾能力不同，作物对钾肥的反应程度也有差异，从多年钾肥应用的结果看，玉米、棉花、油料作物上，钾肥的增产效果最好，可到11.7%～43.3%，小麦等其他作物则次之。

（4）注意轮作施钾。在冬小麦、夏玉米轮作中，钾肥应优先施在玉米上。

（5）注意钾肥品种之间的合理搭配。对于烟草、糖类作物、果树应选用硫酸钾为好；对于纤维作物，氯化钾则比较适宜。由于硫酸钾成本偏高，在高效经济作物上可以选用硫酸钾；而对于一般的大田作物除少数对氯敏感的作物外，则宜用较便宜的氯化钾。

40 如何合理施用微肥？

（1）作物缺乏微量元素主要是因为土壤条件和施肥不当，使得土壤中微量元素对作物呈无效形态存在。因此，施用微量元素肥料，要避免与土壤接触面过大。但是，集中施用会影响肥效，而且容易发生药害。所以，在施用技术上常采用种子处理（浸种或拌种）和根外喷施等方法，其效果很好。

（2）微量元素肥料的施用，要在氮、磷、钾肥的基础上才能发挥其肥效。同时，在不同的氮、磷、钾水平下，作物对微量元素的反应也不相同，一般说来，低产土壤容易出现缺乏微量元素的情况，高产土壤随着产量水平的不断提高，作物对微量元素的需要也会相应增高。因此，必须合理、科学有效地掌握施用的条件和方法，要注意以下三点：①要看土施肥。不同土壤所含各类微量元素不相同，只有了解土壤里缺少哪一种元素，相应补施该元素肥料才能有效。如缺硼、缺锌，其含硼低于百万分之零点五，含锌低于百万分之一点五时，才属于缺微肥。在没有弄清楚之前，可小面积试验再大面积施用，千万不可盲目施用。②要看作物施用。不同作物对各种微肥需要量也不同，如水稻需要硅、大蒜、洋葱需要硒，菠菜需要铁。③要适量施用。微肥一般作基肥。每667平方米施硼100～200克，或锌肥100～150克，或硫酸亚铁100～250克，或硫酸铜510克，切忌滥施。作根外施肥时，硫酸锌0.02%～0.04%，锰肥0.05%～0.10%。

如何合理施用有机肥？

（1）提前施肥。有机肥属于长效肥，在水分、温度的共同作用下才能缓慢释放养分。因此应提前施肥。一般夏季优质有机肥施入7天左右、秋季施肥8～12天、冬春季施肥15～20天，有机肥开始释放养分。根据这种现象，苗的定植时间应与肥料的养分施放时间相结合，做到肥料释放养分与根的吸收有机地结合，使肥效最大化。

（2）集中施肥。如果前茬拉秧较晚，后茬追肥可实行穴肥或条施，并使肥料和土壤充分搅拌均匀，然后定植也可以提高肥效。

（3）不施生粪。畜禽粪便是优质的有机肥，但含有大量的尿酸。易烧根、烧苗、熏叶等，同时含有大量线虫卵、霉菌等，如不把粪便腐熟容易对植株造成很大伤害，从而大量减产，因此须杜绝施用生粪。

有机肥使用注意事项有哪些？

（1）有机肥分解较慢，肥效较迟。有机肥虽然营养元素含量全，但在土壤中分解较慢，而且在有机肥用量不是很大的情况下，很难满足农作物对营养元素的需要。而化肥营养元素的含量高，肥效迅速，可根据农作物需要量的多少，进行针对性的补充，但肥效短。有机肥与化肥配合施用，取长补短，发挥各自的优势，即可满足农作物对各种营养元素在数量和时间上的需要。为了获得高产应追施一定数量化肥，做到缓速结合。

（2）有机肥须经过发酵处理。许多有机肥料带有病菌、虫卵和杂草种子，有些有机肥料中还含有不利于作物生长的有机化合物，所以有机肥在施用时均应经过堆沤发酵、加工处理后才能施用，生粪不能下地。

（3）有机肥的施用禁忌。腐熟的有机肥不宜与碱性肥料混用，若与碱性肥料混合，会造成氨的挥发，降低有机肥养分含量。有机肥含有较多的有机物，不宜与硝态氮肥混合。

如何合理施用农家肥？

（1）堆肥是以杂草、垃圾为原料堆积而成的肥料，可因地制宜地施用，最好结合春耕和秋耕作底肥。

（2）绿肥最好作豆科作物的底肥或追肥，利用根瘤菌固氮作用来提高土壤肥力。

(3)羊粪属热性肥料,宜和猪粪混施,适用于凉性土壤和阴坡地。

(4)猪粪有机质和氮、磷、钾含量较多,腐熟的猪粪可施于各种土壤,尤其适用于排水良好的热性土壤。

(5)马粪有机质、氮素、纤维素含量较高,含有高温纤维分解细菌,在堆积中发酵快,热量高,适用于湿润黏重土壤、阴坡地及板结严重的土壤。

(6)牛粪养分含量较低,是典型的凉性肥料,将牛粪晒干,掺入3%～5%的草木灰或磷矿粉或马粪进行堆积,可加速牛粪分解,提高肥效,最好与热性肥料结合施用,或施在沙壤地和阳坡地。

(7)人粪尿发酵腐熟后可直接使用,也可与土掺混制成大粪土作追肥。

(8)草木灰含钾、钙、硼、锰等元素,可作底肥或追肥。

(9)炕洞肥是一种长期经烟熏火燎而制成的熏土肥料,俗称炕土。从有效利用的角度考虑,以1～2年拆一次为宜,炕洞土因长期受烟熏火燎而发干,因此,施用前应先用水泡一段时间,然后压碎,作底肥或种肥较好。

44 哪些肥料不能混合施用?

(1)农家肥不能与草木灰、石灰氮、石灰、钙镁磷肥等碱性肥料混用。因为人畜粪尿中的主要成分是氮,若与强碱性肥料混用,则会中和而失效。

(2)过磷酸钙不能与草木灰、石灰氮等碱性肥料混用,否则会降低磷的有效性。磷矿粉、骨粉等难溶性磷肥也不能与草木灰、石灰氮等碱性肥料混用,否则会使难溶性磷肥更难溶解,作物无法吸收利用。

(3)钙镁磷肥等碱性肥料不能与铵态氮肥混施。因为碱性肥料若与铵态氮肥料如碳酸氢铵、硫酸铵、硝酸铵、氯化铵等混施,则会增加氨的挥发性,从而降低肥效。

(4)未腐熟的农家肥不能与硝酸铵混施。因为未腐熟的农家肥要经过分解腐烂后才能被作物吸收利用。若与硝酸铵混施,未腐熟的农家肥在分解腐烂过程中氮素会丧失,二者氮素都会受损,降低肥效,所以不能同施。

(5)化学肥料不能与细菌性肥料混用。因为化学肥料有较强的腐蚀性、挥发性和吸水性,若与根瘤菌等细菌性肥料混合施用,会杀伤或抑制活菌体,使细菌性肥料失效。

45 什么是测土配方施肥?

以土壤测试和肥料田间试验为基础,根据作物需肥规律、土壤供肥性能和肥料效应,在合理施用有机肥料的基础上,提出氮、磷、钾及中、微量元素等肥料的施用数量、施肥时期和施用方法。通俗地讲,就是在农业科技人员指导下科学施用配方肥。测土配方施肥技术的核心是调节和解决作物需肥与土壤供肥之间的矛盾。同时有针对性地补充作物所需的营养元素，作物缺什么元素就补充什么元素，需要多少补多少，实现各种养分平衡供应，满足作物的需要；达到提高肥料利用率和减少用量，提高作物产量，改善农产品品质，节省劳力，节支增收的目的。

46 为什么要实施测土配方施肥？

（1）实施测土配方施肥，可以提高作物产量，改善农产品品质，增强作物抗逆性。肥料在农业生产中的作用是不可或缺的，对农作物产量的贡献占60%左右。科学合理施肥，能充分发挥肥料的效能，符合作物生长营养需求规律，促进作物生长发育，能较大幅度地提高作物产量。通过科学施肥，合理搭配营养，实现养分平衡，能改善农产品品质。如增施钾肥等，可改善西瓜的甜度。同时，科学合理地施肥，能减少作物因缺乏营养元素而造成的营养不良，克服过量施肥造成的徒长现象，减少作物倒伏现象，增强抗病虫害能力，从而减少农药的施用量，降低了农产品中农药残留的风险。

（2）实施测土配方施肥，可以提高化肥利用率，降低生产成本，节约能源消耗。目前我国每年化肥平均利用率仅为30%，氮肥为20%～45%，磷肥为10%～25%，钾肥为25%～45%。导致化肥利用率偏低的原因很多，但施肥量和施肥比例不合理是其中的主要因素。通过开展测土配方施肥，可以合理地确定施肥量和肥料中各营养元素的比例，有效提高化肥利用率。化肥是资源依赖型产品，化肥生产必须消耗大量的天然气、煤、石油、电力和有限的矿物资源，因此实施测土配方施肥，提高肥料利用率，降低农业生产成本，有利于节约资源。

（3）实施测土配方施肥，可以不断培肥地力，提高耕地综合生产能力。测土配方施肥通过有机肥料与无机肥料相结合，用地与养地相结合，可不断改良土壤，提高土壤肥力，最大限度地发挥耕地的增产潜力，提高耕地综合生产能力。

（4）实施测土配方施肥，可以减少肥料流失，有利于保护生态环境。

47 如何进行测土配方施肥？

（1）土壤肥料的测试。通过对项目区的土壤和使用的肥料进行检测，了解土壤和作物养分状况，确定各种肥料及配方的数量和比例，为科学施肥提供依据。其中测土是工作重点，就是在农田采集土壤样品，并测定土壤中有机质、pH值、氮、磷、钾、钙、镁和必要的微量元素含量，以了解土壤肥力状况。

（2）肥料试验与施肥推荐。在充分利用已有的技术成果基础上，开展肥料试验、示范，进行资料分析汇总，以建立各个土壤区域内各种农作物科学施肥模型，得出各种元素的最佳经济施肥量，整理探索各地区、各种作物的科学施肥方法、时期和次数,以建立系统的、科学的肥料数据库和专家咨询系统,达到微机化、网络化、快速化和专家咨询化。

(3)专用肥的配制。根据研究开发的各作物高效肥料配方,加工出针对性强、技术含量高的专用肥,直接供应给农田,把技术、物质融为一体,做到"测土、配方、生产、供肥、技术指导"一条龙服务。

(4)推荐施肥技术。推荐施肥技术就是将配方施肥与推广先进的配套施肥方法结合起来,以求取得更好的施肥效果。例如与化肥深施技术、微量元素肥料配施、有机肥及无机肥配施及施肥时期方法等的配合。

48 绿色食品生产中应如何正确施用肥料?

在种植业生产中,人们通过施肥来提高作物产量,改善产品品质,增加经济效益,维持和提高土壤肥力。众多肥料中,有机肥料是生产绿色食品的理想肥料,已经成为人们的共识。

(1)有机肥料对提高食品质量有重要作用。首先是提高土壤肥力。土壤肥力指标是绿色食品生产中土壤环境质量标准的重要组成部分。施用有机肥料是保持和提高土壤肥力的主要途径。有机肥料能够使土壤疏松、肥沃,促进植物的旺盛生长和健壮,抗旱、抗寒、抗倒伏和抗病虫害等抗逆能力增加,达到优质和高产。其次是能减轻土壤污染。土壤有机质能与重金属元素产生中和或螯合作用,吸附有机污染物,从而减轻对植物食品的危害。最后是营养作用。有机氮、有机磷、氨基酸、核酸能明显增加食品的蛋白质、糖、维生素以及芳香物质的含量,增加鲜嫩食品的干物质比例,从而使食品品质、风味、耐贮藏性提高,色泽、外观等明显改善。这种特殊作用是化肥所不能替代的。

(2)有机肥料须进行无害化处理,施用未经无害化处理的有机肥料可能给食品带来的污染会比化肥更严重、更难预防。化学污染是生活垃圾中有害物质含量超标的重要因素。主要有来源于电池、电器、油漆、颜料添加剂中的有机污染物,城市垃圾、人畜粪便等有机废弃物含有大量的病原体,这些病毒在土壤中存活时间较长。据调查,花菜、黄瓜、扁豆及茄果蔬菜受大肠杆菌污染较重,土豆、藕、笋、萝卜、葱、白菜受寄生虫卵污染较重。绿色食品生产应把住有机肥无害化这一关。首先,要把住有机肥源头,对可能受污染的,尤其是化学污染较重的有机肥禁止使用,经检验合格后再用。其次,要实行高温堆肥处理,在50～55℃的条件下处理18天,粪大肠菌群数不超过100个/克,蛔虫卵死亡率达95%以上,各种蝇蛆、蛹、成虫的死亡率达到100%,能够达到有机肥无害化的标准。绿色食品生产应禁止"生粪下地"。

49 生产无公害蔬菜对施肥有什么要求？

（1）种植蔬菜时不应单一施用氮肥，应注意氮、磷、钾肥合理搭配施用。

（2）蔬菜生长中、后期不得偏施氮肥，应使用无公害蔬菜专用的配方肥、有机肥和有机—无机复混肥。

（3）粪肥应经腐熟处理后才能施用，蔬菜接近收获阶段不得施用粪肥作追肥。

（4）每年蔬菜种植前整地时要施石灰 22～30 克/米^2。

（5）不得施用垃圾肥种植叶菜类蔬菜。

50 生产无公害柑橘对施肥有什么要求？

（1）施有机肥，配合施用化肥。在柑橘施肥中，除基肥要以有机肥为主外，追肥尤其是壮果肥还要加入足量的有机肥。基肥结合深翻改土时施入，每 667 平方米埋压山青、杂草、秸秆、厩肥、堆肥等有机肥 3 500 千克以上，平时施肥可选用沼气肥、饼肥等有机肥。壮果肥要求成年树每株施饼肥 2.5 千克、磷肥 0.5 千克、氮肥 0.3 千克、钾肥 0.3 千克，饼肥先与磷肥混合沤制腐熟，然后加尿素、硫酸钾施入土中，可有效地提高果实品质。

（2）补充微肥。在施好氮、磷、钾肥的基础上，还须施用钙、镁、锌、硼等中、微量元素肥料。微肥的施用可分为土壤施肥和叶面喷施两种。如土壤施钙，可在早春将石灰撒于地面，然后中耕翻入土中。每 667 平方米施生石灰 100～150 千克效果很好，有三方面作用：一是施钙；二是改酸；三是石灰中的钙离子能代换土壤胶体固定的钾离子，可增加土壤中钾肥的释放。

（3）叶面喷施主要掌握三个时期。一是花芽分化期（10 月上旬至 11 月中旬），用 0.2％磷酸二氢钾＋0.2％尿素喷 2～3 次，可促进花芽分化。二是在春季萌芽期和蕾期（3—4 月），用 0.1％硼酸＋0.2％硫酸锌＋0.2％磷酸二氢钾喷 3 次，以加速春梢老化及壮蕾壮花。三是在果实迅速膨大期（6—7 月），用 0.3％磷酸二氢钾＋0.1％硼酸＋0.5％硝酸钙喷施 2～3 次。但应注意在柑橘果实成熟前一个半月不能施用任何叶面肥。

51 生产无公害茶叶对施肥有什么要求？

（1）有机肥作为无公害茶叶生产的主要基肥。①施用商品有机肥或生物有机肥。选择正规厂家生产的、有生产许可证的、经过省农业厅肥料登记的、在有效期范围内的肥料，这样可以保证质量和肥料效果，一般每 667 平方米施用商品有机肥或商品生物有机肥 100～150 千克，作基肥施用。②施用自制有机肥。经充分腐熟的生活垃圾，鸡、鸭、猪、牛的粪便自制有机肥，成本低廉，又可改善卫生环境，是值得推广的重要措施之一。用这些有机肥作基肥,要在9—11月结合茶园深翻改土或开春前挖条穴施用,一般每667平方米用1 500～2 500千克。③秸秆回田。在新植茶园、幼龄茶园和成年茶园的平台上,铺上一层水稻收割后遗留下来的稻草进行回田。既可以防止水土流失和茶园中的水分过度蒸发,又可以防止杂草生长所带来争水、争肥和争空间的不利一面。稻草腐烂后自然回田还是非常好的有机肥。④种植经济绿肥。在新植茶园和幼龄茶园的平台和梯壁套种如圆叶决明、三叶草、花生、印度豇豆等豆科经济绿肥,在初花产量最高时回田,是非常好的有机肥源。

(2)合理施用化肥。①施肥的原则。因茶树树龄、树势,产量指标,茶园土壤,所制茶类,种植密度而不同,施肥的数量和方法也有所不同,所以施肥应掌握重施基肥,适施追肥,分期追肥,多肥配合,深浅适宜的施肥原则。②施肥的时间与数量。为了满足茶树生长周期需要的各种肥料,秋冬施基肥以有机肥、磷钾肥为主,配合部分复合肥,一般根据茶树新梢生长轮次和需肥的连续性,在各轮新梢生长前,及时分批施用追肥,一般全年3次,以速效性氮肥为主,配合磷钾肥和根外追肥,促进茶芽萌发。③根外喷肥。夏秋茶期间雨量较少,土壤中的水分蒸发快,茶树对土壤中的养分吸收较慢,此时除正常的施肥外,可隔5～7天进行一次根外喷肥,每667平方米用0.3%～0.5%的尿素水溶液50～100千克进行根外叶面喷肥,还可掺入少量农药一起进行,可达到防治病虫害的良好效果。

52 什么是水肥一体化?

水肥一体化技术是将灌溉与施肥融为一体的农业新技术。水肥一体化是借助压力系统(或地形自然落差),将可溶性固体或液体肥料,按土壤养分含量和作物种类的需肥规律和特点,配兑成肥液与灌溉水一起,通过可控管道系统供水、供肥,使水肥相融后,通过管道和滴头形成滴灌,均匀、定时、定量地浸润作物根系发育生长区域,使主要根系土壤始终保持疏松和适宜的含水量。同时根据不同作物的需肥特点、土壤环境和养分含量状况,作物不同生长期需水、需肥规律情况进行不同生育期的需求设计,把水分、养分定时定量,按比例直接提供给作物。

53 水肥一体化的优势在哪?

(1)节水。水肥一体化技术是通过滴灌将水滴进土壤,每个滴头滴水2～3升/小时,滴水时地面不出现径流,从灌地转向灌作物,减少了作物的棵间蒸发。同时,通过控制作物灌水量,土壤深层水渗漏很少,减少了田间水量的无效损失。从滴灌输水系统来看,全部采用PE管输水,灌溉水进入一个全程封闭的输水系统,经多级PE管道传输,才送至作物根际,比三面光沟渠减少水损20%～30%,提高了水利用率。

(2) 节肥。肥与水被直接输送到作物根系周围,并且被水充分溶解,作物可直接吸收,减少土壤对肥料的固定、肥料的渗漏及挥发,利用率比习惯施肥提高 20～40 个百分点,节肥效果显著。

(3) 省工。水肥一体化技术不但节水、节肥还省工,传统的滴灌方法是每次灌水要开浅沟,施肥要通过人工撒到田里。而利用水肥一体化技术每万平方米可使施肥减少用工 15 个、灌水减少用工 45 个,每万平方米可节省工时 60 个,从而有效节省劳动力。

(4) 准确施肥。可根据地块的面积、作物的需肥量、作物的需肥品种准确称量施肥,按照作物的施肥时期,根据作物营养需求规律进行针对性施肥,实现定量、准确施肥。

(5) 减轻病虫害。滴灌施肥可以减少病害的传播,特别是随水传播的病害,如枯萎病。由于滴灌是单株灌溉的,滴灌时水分向土壤渗入,地面相对干燥,降低了株行间湿度,也会显著减轻病害。

(6) 保护生态环境。习惯施肥往往形成肥料的过量施用,有的肥料施用特别多,浪费大,大量肥料没有被作物吸收利用而进入河流、土壤,造成环境污染,通过水肥一体化技术控制灌溉深度,可避免将肥料淋洗到深层土壤而造成土壤和地下水的污染。

54 水肥一体化的技术关键有哪些?

(1) 水肥一体化灌溉制度的确定。根据种植作物的需水量和作物生育期的降水量确定灌水定额。水肥一体化的灌溉定额应比大水漫灌减少 50%。灌溉定额确定后,依据作物的需水规律、降水情况及土壤墒情确定灌水时期、次数和每次的灌水量。

(2) 水肥一体化施肥制度的确定。灌施技术和传统施肥技术存在显著的差别。合理的水肥一体化制度,应首先根据种植作物的需肥规律、地块的肥力水平及目标产量确定总施肥量,氮磷钾比例及底肥、追肥的比例。水肥一体化技术可使肥料利用率提高 20%～40%,故水肥一体化的用肥量为常规施肥的 60%～80%。

(3) 水肥一体化肥料的选择。水肥一体化技术追肥的肥料品种必须是可溶性肥料,纯度较高,杂质较少,溶于水后不会产生沉淀。追肥补充微量元素肥料,一般不能与磷素追肥同时使用,以免形成不溶性磷酸盐沉淀,堵塞滴头或喷头。

55 什么是化肥减量增效技术?有哪些关键环节?

农业部提出力争到 2020 年实现主要农作物化肥、农药使用量零增长行动。要实现零增长目标,一是要减去不合理施肥造成的多用的部分化肥,提升利用效率,二是要推进有机与无机的结合。实现化肥使用量零增长的关键是把握好"精、调、改、替"4字要领:推进精准施肥、调整化肥施用结构、改进施肥方式、有机肥替代化肥。

关键环节如下:

(1)测土配方施肥技术。测土配方施肥是根据作物需肥规律、土壤供肥性能和肥料效应,在合理施用有机肥料的基础上,提出氮、磷、钾及中、微量元素等肥料的施用数量、施肥时期和施用方法。测土配方施肥技术有针对性地补充作物所需的营养元素,作物缺什么元素就补充什么元素,需要多少补多少,实现各种养分平衡供应,满足作物的需要。达到提高作物产量,保证粮食生产安全;降低农业生产成本,增加农民收入;节约资源,保证农业可持续发展;减少污染,保护农业生态环境的目的。

(2)机械化深施肥技术。机械化深施肥技术主要是指使用农业机械在耕翻、播种和作物生长中期时将化肥按农艺要求的种类、数量和化肥位置效应施于土壤表层以下一定的深度。主要包括:深施底肥、深施种肥(也称种肥同播)、深施追肥。机械化深施的好处:减少了化肥损失,提高了化肥利用率,节省了成本,增加了效益。

(3)水肥一体化技术。水肥一体化技术是将施肥与灌溉结合在一起的农业新技术。它是通过压力管道系统与安装在末级管道上的灌水器,将肥料溶液以较小流量均匀、准确地直接输送到作物根部附近的土壤表面或土层中的灌水和施肥方法,可以把水和养分按照作物生长需求,定量、定时直接供给作物。其特点是能够精确地控制灌水量和施肥量,显著提高水肥利用率。增产增效情况与传统技术相比,蔬菜节水30%~35%,节肥40%~45%;果园节水40%,节肥30%;蔬菜产量增加15%~22%,水果增产9%~15%。

(4)增施有机肥料,与农家肥、化肥混合施用。有机肥种类多、肥源广、易于积制、成本低、施用简单,增施有机肥并与化肥混合施用,是发展优质、高效、低耗农业的一项重要技术措施。充分腐熟的农家肥养分含量比较齐全,肥效持久而稳定,坚持化肥与有机肥混合施用,一可改良土壤理化性状,增强土壤肥力;二可使迟效与速效肥料优势互补;三可减少化肥的挥发与流失,增强保肥性能,较快地提高供肥能力;四可提高作物抗逆性、改善品质,并对减轻环境污染有显著效果。

(5)利用秸秆腐熟剂,完善秸秆还田技术。秸秆腐熟剂能使秸秆等有机废弃物快速腐熟,使秸秆中所含的有机质及磷、钾等元素成为植物生长所需的营养,并产生大量有益微生物,刺激作物生产,提高土壤有机质,增强植物抗逆性,减少化肥使用量,改善作物品质,实现农业的可持续发展。每667平方米还田秸秆200千克,可以少施20%的磷肥和钾肥,即每667平方米少施2千克氯化钾和5千克过磷酸钙,每667平方米节省化肥投入15元。秸秆还田前期需消耗一定量的氮素,应适当增加前期氮肥用量,减少后期氮肥用量。

(6)改良土壤结构,提高土壤肥力。土壤改良的方法主要有土壤深耕、增施有机物料、覆盖栽培、促进微生物增殖、促进蚯蚓增殖等方法。通过改良土壤,可以改善土壤物理性状和化学性状,增强土壤微生物活性,提高土壤肥力和肥料利用效率5%以上。引导农民改进耕作方式,实施合理轮作、间作、套种;实行水旱、粮菜轮作;不同种类作物、同一种类作物不同科的品种轮作、间作和套种;通过植物对土壤营养成分的自身调节,改善土壤肥力,减少化肥使用量。

(7)利用好沼液沼渣,实现农业良性循环。沼液和沼渣总称为沼肥,是生物质经过沼气池厌氧发酵的产物。沼液中含有丰富的氮、磷、钾、钠、钨营养元素,沼渣是由部分未分解的原料和新生的微生物菌体组成的,沼渣中含有较多腐殖酸,对土壤有改良作用,并且沼渣能增加土壤有机质。以农户土地资源为基础,以新型高效沼气为纽带,形成以农促牧、以沼促农、配套发展的良性循环系统,有利于提高农业生产的综合效益,达到对农业资源的高效利用,促进生态环境建设,环境友好发展,提高果蔬品质,增加农民收入。

(8)不断更新施肥技术,有效确保施肥质量。一要提倡施用高含量的多元复合肥,减少施用低含量的复混肥;二要积极试用高能有机无机复合肥;三要推广有机无机复混肥;四要配施高含量有益微生物的肥药兼用肥;五要加快高效缓释肥、水溶性肥料、生物肥料、土壤调理剂等新型肥料的应用;六要做到精准投放化肥,避免过度使用;七要在有条件的地方采用滴灌的方法均匀施用液体肥料。

三、安全用药技术

 **什么是农药?**

农药是指用于预防、控制危害农林业的病、虫、草、鼠和其他有害生物,以及有目的地调节植物、昆虫生长的化学合成或者来源于生物、其他天然物质的一种物质或几种物质的混合物及其制剂。

 **什么是农药三证?**

农药三证指的是农药登记证号、农药生产批准证号、产品标准号。

 **什么是高毒农药、剧毒农药?**

高毒农药是指对人和牲畜毒性高的农药。通常用大白鼠经口半数致死剂量作为衡量指标,当农药的半数致死剂量达 5~50 毫克/千克时即为高毒农药。常见的高毒农药如磷化铝、克百威、杀扑磷、甲拌磷、水胺硫磷等。当农药的半数致死剂量≤5 毫克/千克时即为剧毒农药。常见的剧毒农药如百草枯等。

 **什么是限用农药?**

限用农药是指为避免农药对人畜安全、农产品质量安全和环境安全造成不良影响而在一定时期和区域内限制使用的农药。如生产上限制高毒农药甲拌磷、甲基异柳磷、克百威等在蔬菜、果树、茶树、中草药上使用;限制易对水生生物造成伤害的氟虫腈用于除卫生用、玉米等旱田种子包衣剂外的其他方面。

 **什么是农药的安全间隔期?**

安全间隔期是指农产品最后一次施用农药距农药残留量降到最大允许残留量所需的间隔时间。不同农药在不同作物上安全间隔期不同,严格执行安全间隔期制度是保障农产品质量安全,减少农残超标的重要举措。正规厂家生产的农药全部标有安全间隔期。

61 农药残留超标有哪些危害？

农产品农药残留超标可直接导致食物急性中毒和累积性慢性中毒，对人体肝、肾等内脏器官造成伤害。土壤中除草剂残留超标往往还会引起下茬作物药害或生长不良。在对外贸易中农产品农药残留超标直接导致产品出口受挫，造成经济损失。

62 国家明令禁止使用的农药有哪些？

截至2017年7月，国家明令禁止使用的农药有六六六、滴滴涕、毒杀芬、二溴氯丙烷、杀虫脒、二溴乙烷、除草醚、艾氏剂、狄氏剂、汞制剂、砷类、铅类、敌枯双、氟乙酰胺、甘氟、毒鼠强、氟乙酸钠、毒鼠硅、甲胺磷、对硫磷、甲基对硫磷、久效磷、磷胺、苯线磷、地虫硫磷、甲基硫环磷、磷化钙、磷化镁、磷化锌、硫线磷、蝇毒磷、治螟磷、特丁硫磷、福美胂、福美甲胂、氯磺隆、胺苯磺隆、甲磺隆、百草枯水剂。

63 在蔬菜、果树、茶叶、中草药材等国家规定的农作物上禁止使用和限制使用的农药有哪些？

除上述国家禁止使用的农药外，国家还禁止甲拌磷、甲基异柳磷、内吸磷、克百威、涕灭威、灭线磷、硫环磷、氯唑磷、水胺硫磷、灭多威、氧乐果、硫丹、杀扑磷在蔬菜、果树、茶树、中药材上使用，禁止用于防治卫生害虫。禁止三氯杀螨醇、氰戊菊酯在茶树上使用。禁止丁酰肼在花生上使用。禁止氟虫腈除卫生用、玉米等旱地种子包衣剂外的其他用途。禁止三唑磷、毒死蜱在蔬菜上使用。

64 禁止使用的渔药有哪些？

根据NY 5071—2002《无公害食品 渔用药物使用准则》规定，我国不允许在水产养殖业中使用的渔药共33种。六六六、滴滴涕、毒杀芬、杀虫脒、五氯酚钠、呋喃丹、地虫硫磷、林丹、双甲脒、锥虫胂胺、酒石酸锑钾、甘汞、醋酸汞、硝酸亚汞、氟氯氰菊酯、甲睾酮、已烯雌酚、杆菌肽锌、泰乐菌素、阿伏霉素、速达肥、喹乙醇、磺胺脒、磺胺噻唑、硝基呋喃类（呋喃西林、呋喃唑酮、呋喃妥因、呋喃它酮）、氯霉素、环丙沙星、呋喃那斯、红霉素、孔雀石绿。另外，根据农业部2015年第2292号公告，2015年9月1日起养殖禁止使用氧氟沙星、培氟沙星、洛美沙星、诺氟沙星。

65 新修订《农药管理条例》规定哪些是假农药？

根据《农药管理条例》（2017年版）第四十四条规定，有下列情形之一的，认定为假农药：

（1）以非农药冒充农药。

（2）以此种农药冒充他种农药。

（3）农药所含有效成分种类与农药的标签、说明书标注的有效成分不符。禁用的农药，未依法取得农药登记证而生产、进口的农药以及未附标签的农药，按照假农药处理。

新修订《农药管理条例》规定哪些是劣质农药？

根据《农药管理条例》（2017年版）第四十五条规定，有下列情形之一的，认定为劣质农药：

（1）不符合农药产品质量标准。

（2）混有导致药害等有害成分。超过农药质量保证期的农药，按照劣质农药处理。

购买农药时应注意哪些问题？

（1）注意农药外在质量。合格的农药乳油无分层沉淀；粉剂蓬松不结块；颗粒剂粗细均匀，不应含有许多粉末；悬浮剂应为可流动的悬浮液，无结块，长期存放可能存在分层现象，但能快速摇匀。

（2）注意生产日期。一般农药有效期2年，超过有效期药效降低。

（3）注意价格是否适当。有的农药价格明显偏低，同一农药价格相差一半，要提防假农药或有效成分含量不足。

（4）查看标签上的农药成分。在实际生产中，有的农民花钱买了几种农药，但主要成分却是一样的，只不过是商标不同，如果买回的这几种药混用，既增加了成本，又易诱发药害。

如何科学购买农药？

科学购买农药要做到"四要四不要"：一是要到证照齐全、诚信合法的门店购买，不要向流动商贩和无证经营商贩购买。二是要查看包装和标签，包装无破损、涂改，标签或说明书具备农药"三证"、有效成分、剂型、含量、登记使用对象和使用注意事项等，不要轻易相信虚假宣传。三是要购买合法农资产品，不要购买禁限用农药及其他有毒有害农药产品。四是要索取合法票据，记得索要农药处方单，不要接受内容不全或未签字的收条或收据。

如何从农药标签及包装外观上识别真假农药？

真农药包装完好，有出厂检验合格证，无破损。标签或说明书标注要素齐全，主要包括商标、农药通用名称、有效成分含量和剂型、农药登记证、生产批准证号、产品标准号、登记使用对象、使用方法、注意事项、产品质量保证期、农药类别、特征颜色标志带等内容。

70 如何从农药物质形态上识别真假农药？

从外观看，乳油农药外观清晰透明，无颗粒，无絮状物，在正常贮藏条件下无分层、无沉淀。悬浮剂农药长期存放可有沉淀但可快速摇匀。粉状农药一般都粉末均匀，若易成团结块则有质量问题。片剂若呈粉状则表明已失效。颗粒剂产品应粗细均匀，不应含有许多粉末。水剂应为均相液体，无沉淀或悬浮物，加水稀释后一般也不出现浑浊沉淀。

71 如何安全科学合理使用农药？

安全用药要做到选择的农药品种对人畜安全、对作物安全、对农产品质量安全和对生态环境安全。科学用药要选择对路药剂，选择最佳防治时间，选择最佳使用剂量，选择适宜的施药方法，选择性能良好的施药器械，同时严格执行安全间隔期，轮换交替使用农药。

72 无公害蔬菜生产中应如何选择农药？

按照防治对象，优先选择已有登记的生物农药和高效低毒低残留化学农药。如鱼藤酮、印楝素、苦参碱、乙基多杀菌素、天然除虫菊素、苏云金杆菌（BT）、短稳杆菌、白僵菌、核型多角体病毒、多抗霉素、中生菌素、井冈霉素等生物农药和噻虫嗪、氰氟虫腙、氯虫苯甲酰胺、松脂酸铜、苯醚甲环唑、吡唑醚菌酯等高效低毒低残留化学农药。

73 无公害蔬菜生产中禁止使用的农药种类有哪些？

无公害蔬菜生产中禁用的农药包括国家明令禁止生产销售和使用的农药，包括六六六、滴滴涕、毒杀芬、二溴氯丙烷、杀虫脒、二溴乙烷、除草醚、艾氏剂、狄氏剂、汞制剂、砷类、铅类、敌枯双、氟乙酰胺、甘氟、毒鼠强、氟乙酸钠、毒鼠硅、甲胺磷、对硫磷、甲基对硫磷、久效磷、磷胺、苯线磷、地虫硫磷、甲基硫环磷、磷化钙、磷化镁、磷化锌、硫线磷、蝇毒磷、治螟磷、特丁硫磷、福美胂、福美甲胂、氯磺隆、胺苯磺隆、甲磺隆、百草枯水剂。此外还有禁止在蔬菜上使用的毒性较高、残效期长的农药，包括甲拌磷、甲基异柳磷、内吸磷、克百威、涕灭威、灭线磷、硫环磷、氯唑磷、氧乐果、三氯杀螨醇、水胺硫磷、灭多威、硫丹、溴甲烷、氯化苦、氟虫腈、毒死蜱、三唑磷等。

74 绿色蔬菜生产中应如何合理使用农药？

绿色蔬菜生产中选用的农药品种应取得农药登记证，对防治对象有效、低风险的农药品种,不同作用机理农药交替使用,提倡兼治。农药剂型选择悬浮剂、微囊悬浮剂、水剂、水乳剂、微乳剂、颗粒剂、水分散粒剂和可溶性粒剂等环境友好型剂型。严格控制施药浓度、施药次数和安全间隔期。

生产AA级绿色蔬菜农药可选用的有植物源和动物源农药如印楝素、乙蒜素、藜芦碱、菇类蛋白多糖、植物油;微生物源农药如白僵菌、绿僵菌、苏云金杆菌、短稳杆菌、核型多角体病毒、多杀菌素、多抗霉素、春雷霉素、中生菌素;生物生化产品如氨基寡糖素、香菇多糖、超敏蛋白;矿物源农药如氢氧化铜、硫黄、氢氧化钙;其他如软皂、性信息素诱捕器等。

生产A级绿色蔬菜除可用上述农药外,还可选用杀虫剂如氯虫苯甲酰胺、茚虫威、螺虫乙酯、噻虫嗪、吡蚜酮、除虫脲、高效氯氰菊酯、灭蝇胺等;杀螨剂如螺螨酯、唑螨酯、乙螨唑、联苯肼酯、四螨嗪、噻螨酮等;杀软体动物剂如四聚乙醛;杀菌剂如代森锰锌、吡唑醚菌酯、腐霉利、异菌脲、啶酰菌胺、丙环唑、戊唑醇、甲霜灵、氰霜唑、烯酰吗啉等;除草剂如二甲戊灵、草铵膦、精喹禾灵等;生长调节剂如氯吡脲、多效唑、烯效唑等。

有机蔬菜生产中应如何合理使用农药?

有机蔬菜园严禁使用化学合成农药、抗生素类生物农药和生物化学农药,应优先采用农业措施,尽量利用灯光、色彩诱杀害虫,机械捕捉、人工除草等措施防治病虫害。用于有机蔬菜生产的农药投入品实行清单制管理,主要包括植物源农药如印楝素、天然除虫菊素、苦参碱、鱼藤酮、蛇床子素、小檗碱、大黄素甲醚、植物油等;动物源农药如赤眼蜂、草蛉、捕食螨等;微生物源农药如白僵菌、木霉菌、苏云金杆菌、短稳杆菌、核型多角体病毒等;矿物源农药如硫酸铜、硫黄、液状石蜡和其他天然产物。

如何预防农药残留超标?

农药喷洒到作物或土壤中,经过一段时间,由于光照、自然降解、雨淋、高温挥发、微生物分解和植物代谢等作用,绝大部分已消失,但还会有微量的农药残留。预防农药残留需要安全、科学合理使用农药,要选择对人畜、环境友好的农药品种,根据病虫害发生规律对症施药,不得随意加大施药浓度和次数,严格执行农药安全间隔期,作物收获后可适当进行清洗、晾晒等,进一步减少农残。

什么是生物农药?

生物农药是指利用生物活体(真菌,细菌,昆虫病毒,转基因生物,天敌等)或其代谢产物(信息素,生长素,抗生素等)针对农业有害生物进行杀灭或抑制的制剂。

78 生物农药有哪些常见的种类?

生物农药按来源和作用机制常分为昆虫天敌类生物农药如赤眼蜂、丽蚜小蜂、瓢虫、捕食螨等；植物源农药如苦参碱、藜芦碱、烟碱、除虫菊素等；微生物源农药如绿僵菌、白僵菌、苏云金杆菌、短稳杆菌、枯草芽孢杆菌、核型多角体病毒、颗粒体病毒等；抗生素类农药如阿维菌素、井冈霉素、申嗪霉素、多抗霉素、中生菌素等；植物免疫诱抗类生物农药如超敏蛋白、氨基寡糖素、链蛋白、S-诱抗剂、激动素等。此外，矿物油、硫黄、硫酸铜、石硫合剂等矿物源农药也有对人畜低毒、对环境友好的特点，往往也将其归属为生物农药。

79 使用生物农药有哪些好处?

与化学农药相比较,生物农药源于自然,对人畜毒性较低、对环境的相容性更好。一是对人畜比较安全。绝大多数生物农药为低毒或微毒,不易对使用者产生毒害。二是更利于农产品质量安全。生物农药容易分解,不易污染农产品,生产的农产品质量有保证,安全放心。三是环境污染小,通常对天敌安全。大部分生物农药选择性强,只对防治的害虫有效,不伤害蜜蜂、鸟、鱼、青蛙,而且容易分解,用后又回归自然界了。

80 生物农药的使用方法是怎样的? 要注意些什么?

生物农药作为一类特殊农药,与化学农药相比,使用技术要求较高,根据不同生物农药具体采取恰当的使用方法和技术。

(1)微生物农药。要掌握使用温度,一般在20～30℃条件下防治效果好；要把握湿度,一般在早晚田间湿度大时施药,药效越明显；要避免强光,最好在阴天或傍晚施药,防止紫外线照射而降低药效。

(2)植物源农药。要以预防为主,由于植物源农药见效慢,应该比化学农药要提前2～3天施用；在病虫害严重发生时要与其他手段配合使用；避免雨天使用。

(3)矿物源农药。如硫黄、矿物油类农药要使用二次稀释法混匀后再喷施,确保药液始终均匀且喷雾周到；一般不要随意与其他农药混用。

(4)生物化学类农药。性引诱剂类生物化学农药开包后要尽快使用,避免挥发失效；安装诱捕器注意安放高度,一般一个月左右及时更换诱芯；植物生长调节剂类农药则要随配随用,避免失效,注意使用浓度,使用均匀,不能代替肥料使用。

(5)蛋白类、寡聚糖类农药。其作用机理是诱导植物产生抗病性,因此要注意在病虫发生初期使用,药液现用现配,均匀喷雾。

(6)天敌类生物农药。如赤眼蜂、平腹小蜂要注意合理存放,及时放出,最好结合虫情测报在害虫产卵初期开始放蜂,放蜂前5天、放蜂后20天内避免使用化学农药。

(7)抗生素类农药。大部分与化学农药使用方法相同,部分品种注意现配现用,部分品种不能与碱性农药混用。

81 农作物病虫害防治时应遵循的主要原则是什么?

农作物病虫害防治时应遵循以下四项基本原则:

(1)以保持和优化农业生态系统为基础,建立有利于各类天敌繁衍和不利于病虫草害滋生的环境条件,提高生物多样性,维持农业生态系统安全。

(2)优先采用农业措施,如抗病虫品种、种子种苗检疫、培育壮苗、加强栽培管理、中耕除草、耕翻晒垡、清洁田园、轮作倒茬、间作套种等。

(3)尽量利用物理和生物措施,如用灯光、色彩诱杀害虫,机械捕捉害虫,释放害虫天敌,机械或人工除草等。

(4)安全科学合理使用化学农药。

82 农药残留高低受什么因素的影响?

农药残留高低受以下因素的影响:

(1)农药的种类和剂型。高毒、剧毒的种类残留高;易挥发、易流失的剂型残留低。

(2)农药的用量和次数。用量大、浓度高、次数多,则残留高。

(3)最后一次使用距收获期的时间。相距越近,则残留量越高。

(4)种植种类。农药在种植作物上的附着量因植物表面积、表面结构和形状而不同,表面积越大,结构和形状越复杂,则残留量越高。

(5)自然因素。温度、光照、风及降雨影响农药降解,从而影响残留量。

(6)贮藏期和贮藏条件。贮藏期长、通风良好,残留会降低。

83 新修订《农药管理条例》对乱用农药做了哪些处罚规定?

根据《农药管理条例》(2017年版)第六十条规定,农药使用者有下列行为之一的,由县级人民政府农业主管部门责令改正,农药使用者为农产品生产企业、食品和食用农产品仓储企业、专业化病虫害防治服务组织和从事农产品生产的农民专业合作社等单位的,处5万元以上10万元以下罚款,农药使用者为个人的,处1万元以下罚款;构成犯罪的,依法追究刑事责任:

(1)不按照农药的标签标注的使用范围、使用方法和剂量、使用技术要求和注意事项、安全间隔期使用农药。

(2)使用禁用的农药。

(3)将剧毒、高毒农药用于防治卫生害虫,用于蔬菜、瓜果、茶叶、菌类、中草药材生产或者用于水生植物的病虫害防治。

（4）在饮用水水源保护区内使用农药。

（5）使用农药毒鱼、虾、鸟、兽等。

（6）在饮用水水源保护区、河道内丢弃农药、农药包装物或者清洗施药器械。

有前款第二项规定的行为的，县级人民政府农业主管部门还应当没收禁用的农药。

84. 什么是农药经营处方制？

农药经营处方制是农药经销商在销售农药时，除按照要求建立台账外，还应当向农民开具处方单。主要填写农药的用途、用法、用量和安全使用注意事项等。填写完成后当面告知农药购买者。农药经营处方单作为农药台账的补充和完善，纳入销售台账管理，要求保存2年以上。

85. 农药经营者对购买者有哪些告知义务？

农药经营者应当向购买者询问病虫害发生情况并科学推荐农药，必要时应当实地查看病虫害发生情况，并正确说明农药的使用范围、使用方法和剂量、使用技术要求和注意事项，不得误导购买人。

86. 农药标签一般要求标注哪些内容？

根据《农药标签和说明书管理办法》第八条，农药标签应当标注下列内容：

（1）农药名称、剂型、有效成分及其含量。

（2）农药登记证号、产品质量标准号以及农药生产许可证号。

（3）农药类别及其颜色标志带、产品性能、毒性及其标识。

（4）使用范围、使用方法、剂量、使用技术要求和注意事项。

（5）中毒急救措施。

（6）贮存和运输方法。

（7）生产日期、产品批号、质量保证期、净含量。

（8）农药登记证持有人名称及其联系方式。

（9）可追溯电子信息码。

（10）象形图。

（11）农业部要求标注的其他内容。

87. 农民使用农药要注意哪些问题？

农民使用农药时要注意以下10个方面的问题：

（1）应当按照安全、高效、低风险的原则，根据病虫害种类和发生特点选择对路防治药剂，注意识别真农药，不使用假劣农药。

（2）运输农药时，应先检查包装是否完整，发现有渗漏、破裂的，要及时采取补救措施。

（3）农药不得与粮食、蔬菜、瓜果、食品、日用品等混放，农药存放点避免小孩接触。

（4）配制和使用农药前要做好防护措施。要戴胶皮手套和防护服，严禁用手拌药。施药时要佩戴防毒口罩，穿长袖上衣、长裤和鞋袜，或专门防护服，做好防护措施。

（5）施药前仔细检查药械开关、接头、喷头，喷药过程中如发生堵塞时，绝对禁止用嘴吹吸喷头和滤网。

（6）盛过农药的包装物品，不准用于盛粮食、油、酒、水等食品和饲料，要集中处理。

（7）体弱多病者，患皮肤病或其他疾病尚未恢复健康者，哺乳期、孕期、经期的妇女，皮肤损伤未愈者不能施药。

（8）施药人员在施药期间禁止吸烟、喝酒、吃东西，被农药污染的衣服要及时换洗。

（9）施药人员每天施药时间不得超过6小时，使用背负式机动药械要两人轮流操作。连续施药3～5天后应休息一天。施药过程中如有头痛、头昏、恶心、呕吐等症状时，应立即离开施药现场，换掉污染的衣服，并漱口、冲洗手、脸和其他暴露部位，及时到医院治疗。

（10）施药后的田块要插上警示标志，避免人畜误食。

 什么是农药减量增效技术？有哪些关键环节？

农药减量增效技术是在坚持"预防为主、综合防治"方针和"公共植保、绿色植保、科学植保"理念的基础上，依靠科技进步，依托病虫防治专业化服务组织，减少化学农药使用，大力推进绿色防控、统防统治，将农作物病虫害危害控制在允许水平以下，实现稳粮增收、提质增效。

实现农药减量增效关键是做好"两加强、三推进"。

（1）加强监测预警。提升监测预警研判和应对能力，做到监测方法科学，监测结果可靠，及早指导生产采取防控措施，减少农药使用量。

（2）加强农药管理。加强农药许可经营，规范市场经营行为，推行农药经营处方制度，加强高毒、剧毒农药管理，对禁限用农药实行定点经营，严格控制农药投入品的使用。

(3)推进科学用药。推广高效低毒低残留农药,推广新型高效植保器械,普及科学用药知识,实现"药、械、人"三要素协调提升。

(4)推进绿色防控。针对水稻、柑橘、茶叶、蔬菜等主导作物,集成应用生态调控技术、物理防治技术、生物防治技术、免疫诱抗技术和科学用药技术,加快绿色防控推进步伐。

(5)推进统防统治。以农业企业、农民合作社、基层植保机构为重点,培育一批服务主体,提升专业化统防统治的装备水平,提高服务效能,集成一批高效技术服务模式,促进统防统治与绿色防控融合。

四、绿色防控技术

 **89** 什么是农作物病虫害综合防治？

综合防治是对有害生物进行科学管理的体系，是从农业生态系统的总体出发，根据有害生物和环境之间的相互关系，充分发挥自然因素的作用，因地制宜地协调运用必要的措施，将有害生物控制在经济受害允许水平以下，以获得最佳的经济、生态和社会效益。主要包括：植物检疫、农业防治、化学防治、生物防治、物理机械防治等。

 **90** 什么是农作物病虫害绿色防控？

绿色防控是指以确保农业生产安全、农产品质量安全和农业生态环境安全为目标，以减少化学农药使用为目的，优先采取生态控制、生物防治和物理防治等环境友好型技术措施控制农作物病虫危害的行为。实际上绿色防控技术并不排斥化学农药，它包括了化学农药防治措施，只是把它放在了其他措施之后，即在其他措施不能有效控制病虫危害时，再采取化学农药进行控制。

 **91** 为什么要开展农作物病虫害全程绿色防控？

绿色防控是持续控制病虫危害的重要手段，如果只是在作物生长的某一个时期开展绿色防控，而其他阶段仍然以化学农药防治为主达不到系统控害的目的，要降低农药残留，保障农产品质量安全，减轻病虫危害损失，保障粮食丰收需要全程开展绿色防控技术集成，实现病虫害的可持续控制。

 **92** 生产上如何将病虫害的绿色防控与统防统治融合？

绿色防控是内容，统防统治是方法。绿色防控将生态调控、理化诱控、生物防治、科学用药等技术集成运用，能达到减药控害的目的；统防统治是将绿色防控配套技术统一组织实施、统一防治时间、统一施药品种、统一施药器械、统一防效评价。只有绿色防控与统防统治融合使用才能最大限度发挥防治效果。

四、绿色防控技术

 常用的病虫害绿色防控集成技术有哪些？

常用的病虫害绿色防控集成技术包括生态调控技术、农业防治技术、物理防治技术、生物防治技术、免疫诱抗技术和科学用药技术等。

 什么是农业防治？

农业防治是指在有利于农业生产的前提下，通过改变耕作制度、选用抗（耐）病虫品种、加强保健栽培管理以及改造自然环境等来抑制或减轻病虫害的发生。

 农业防治的主要措施有哪些？

常见的农业防治措施有选用抗病虫品种、调整品种布局、选留健康种苗、轮作、深耕灭茬、调节播种期、合理施肥、及时灌溉排水、适度整枝打杈和清洁田园等。

 什么是生物防治？

生物防治是利用某些生物或生物代谢产物来控制病虫害种群数量，以达到压低或抑制病虫害的目的。它的最大优点是对人畜安全，不污染环境，对某些病虫害能达到长期抑制的作用。

 生物防治有哪些方法？

生物防治的方法有很多，常见的可分为以虫治虫、以螨治螨、以菌治虫、以菌治菌四大类。如应用赤眼蜂、捕食螨、绿僵菌、白僵菌、微孢子虫、苏云金杆菌、蜡质芽孢杆菌、枯草芽孢杆菌、核型多角体病毒、稻鸭共育、井冈霉素、春雷霉素等方法。

 什么是物理防治？

物理防治是利用各种物理因素，如光、热、电、色、温湿度等及机械设备来防治病虫害的方法。包括简单的人工捕捉和最尖端的科学技术，如应用红外线、超声波、高频电流、高压放电以及原子能辐射等。

 物理防治有哪些方法？

一是人工器械捕捉，如网捕、粘虫胶、铁丝钩钩杀等；二是诱集和诱杀，如杀虫灯灯光诱杀、黄板诱杀、食物诱剂诱捕器诱杀等；三是阻隔法，如树干涂胶或刷白、套袋、防虫网等；四是利用温湿度控杀，如粮食烘干、暴晒、红外线高热、密闭缺氧等；五是激光辐射法，如辐射雄性不育、激光杀虫灯。

· 31 ·

100 农作物病虫害监测有哪些常见的方法？

农业害虫监测常用的方法有直接观察法、拍打法、诱捕法、扫网法等。直接观察法适合用于种植密度不高、株行距整齐的作物；拍打法一般适合于不易飞动的或具有假死性的昆虫；诱捕法应用最广的是灯诱和性诱，即利用害虫的趋光性、昆虫雌激素引诱雄性昆虫监测害虫的发虫量和高峰日；扫网法非常适合小型昆虫调查。病害监测有系统调查法和大田普查法。鼠害调查法有鼠夹法、有效洞调查法和围栏—捕鼠器调查法。

101 为什么要大力推广病虫害专业化统防统治？

病虫害专业化统防统治是建设新型社会化服务体系、促进现代农业发展的客观需要，可有效解决农村劳动力不足和防治难题；是提升病虫害防控能力、确保农业生产安全的客观需要，防治效果明显高于一家一户分散防治；是减少环境污染，确保农产品质量安全的客观需要，能提高农药利用率，减少农药使用量。

102 推动病虫害统防统治有哪些关键环节？

病虫害统防统治要最大限度发挥防治效果需要做到"五统一"。一是统一服务组织，有登记注册的植保专业化统防统治服务组织或有植保专业服务内容的专业合作社，并与服务对象签订有专业化统防统治服务协议。二是统一防治时间，根据技术人员田间调查或植保部门病虫害情报统一确定的防治时间段开展防治。三是统一防治药剂，根据植保专家处方，确定全年用药策略，合理选择搭配药剂，轮换使用农药。四是统一防治器械，服务组织统一配备先进的植保器械，开展机防手培训，确保施药均匀。五是统一防效调查，施药后及时开展防治效果调查，评估防治效果，做好资料收集。

103 目前有哪些先进的植保器械？

生产上常用较先进的植保器械包括背负式电动喷雾器、背负式机动喷雾喷粉机、喷杆静电喷雾机、自走式水田旱田作物喷杆喷雾机、自走式高秆作物喷杆喷雾机、担架式液泵喷雾机、风送式高效远程喷雾机、植保无人机等。

104 水稻常见的病虫害主要有哪些？

水稻常见的害虫主要有二化螟、大螟、稻纵卷叶螟、稻飞虱、稻蓟马等；病害主要有稻瘟病、纹枯病、稻曲病、南方水稻黑条矮缩病、细菌性基腐病等。

 **105　水稻病虫害绿色防控有哪些集成技术？**

水稻病虫害绿色防控常用的集成技术有农业防治技术如科学品种布局、翻耕灌水灭蛹技术、科学水肥管理调控技术、诱集作物生态调控技术、稻虾共育技术；生物防治技术如稻螟赤眼蜂控害技术、苏云金杆菌等生物农药防治技术、二化螟等性信息素诱杀技术等免疫诱抗技术；物理防治技术如太阳能杀虫灯诱杀技术、蓝色板诱杀蓟马技术；科学用药技术如药剂浸种、带药移栽、选用高效低毒低残留化学农药防治技术。

 **106　什么是水稻"两迁"害虫？有哪些发生特点？**

水稻"两迁"害虫指的是稻纵卷叶螟和稻飞虱这两种迁飞性害虫。它们一般不能在冬季气温较低的地方越冬，春季气温回升从南往北迁飞，秋季气温降低从北往南迁飞，起飞、降落与气温和强对流天气有明显的相关性，具有季节性突增、突减的特点，常易在局部地区突然暴发成灾，给生产带来严重损失。

 **107　水稻稻飞虱有哪些防治技术？**

一是灯光诱杀技术，利用稻飞虱的趋光性，田间安装杀虫灯进行诱杀；二是选用生物农药进行防治，可选用苦参碱、球孢白僵菌进行防治；三是科学使用化学农药进行防治，可选用噻嗪酮、烯啶虫胺、吡蚜酮等进行防治。注意结合植保情报，在稻飞虱大部分处于低龄若虫阶段，百丛虫量为1 000～1 500头时进行防治，轮换用药，严格执行安全间隔期。

 **108　水稻稻纵卷叶螟有哪些防治技术？**

一是灯光诱杀技术，利用稻纵卷叶螟的趋光性，田间安装杀虫灯进行诱杀；二是优先选用生物农药进行防治，可选用短稳杆菌、苏云金杆菌、阿维菌素、乙基多杀菌素、甘蓝夜蛾核型多角体病毒等生物农药进行防治；三是科学使用化学农药进行防治，可选用甲氧虫酰肼、氯虫苯甲酰胺、溴氰虫酰胺、四氯虫酰胺等高效低毒化学农药。注意结合植保情报，在害虫卵孵高峰至2龄幼虫阶段施药。

109　水稻二化螟有什么发生特点？

二化螟在鄂西一年发生3代。可在本地越冬，越冬幼虫抗逆性强，冬季低温对其影响不大，气温在15℃以上时开始活动、羽化。成虫趋光性强，初孵幼虫先群集叶鞘内取食内壁组织，造成枯鞘，若正值穗期可集中在穗苞中危害造成花穗，2龄以后开始蛀入稻茎危害，可造成枯心、枯孕穗、白穗和虫伤株。

110 水稻二化螟有哪些绿色防控技术？

（1）农业防治，在早春越冬代二化螟进入化蛹盛期，田间有水的田块应立即灌水翻耕灭蛹，碾碎稻根等以减轻1代的发生基数。

（2）物理防治，在田间安装杀虫灯或性引诱剂诱捕器诱杀二化螟成虫，降低成虫产卵量。

（3）生物农药防治，对达到防治指标的田块，可选用苏云金杆菌、短稳杆菌等进行生物防治。

（4）科学使用化学防治，可选用氯虫苯甲酰胺、四氯虫酰胺、溴氰虫酰胺进行防治，注意施药后田间保持浅水层3～5天。

111 水稻稻瘟病有什么发生特点？

稻瘟病病原菌在病稻草和病谷上越冬，第二年气温升至20℃以上时，遇降雨便可大量繁殖扩散，遇到稻株后，在适当水分和温度条件下即可萌发侵入，繁殖并产生新孢子，进行再侵染，逐步扩散蔓延。在菌源具备、品种感病的前提下，气象条件是影响该病发生与发展的主导因素，特别是温湿度。当水稻处于感病阶段时，气温在20～30℃，尤其在24～28℃，阴雨天多，相对湿度保持在90%以上，易引起稻瘟病严重发生；反之，连续出现晴朗天气，相对湿度低于85%，病害则受到抑制。

112 水稻稻瘟病有哪些绿色防控技术？

做好水稻稻瘟病绿色防控，选用抗病品种是关键，水稻品种间存在明显的抗性差异，应优先选择对稻瘟病抗性较强的品种，特别是稻瘟病常发、重发区域。其次做好播前种子浸种消毒，可选用45%咪鲜胺水乳剂3 000倍液浸种48小时，再洗净播种。大田防治稻瘟病优先选用生物制剂如枯草芽孢杆菌、多抗霉素、春雷霉素在水稻初见病斑时进行预防。在破口前7天可选用三环唑、肟菌·戊唑醇、咪铜·氟环唑等化学药剂预防穗颈瘟。

113 水稻纹枯病有什么发生特点？

水稻纹枯病属真菌性病害，主要危害叶鞘、叶片，严重时可侵入茎秆并蔓延至穗部，病斑呈椭圆形或云纹形。病原菌主要以菌核在土壤中越冬，第二年菌核萌发产生菌丝侵入叶鞘组织并扩散蔓延，菌核数量是引起发病的主要因素。水稻纹枯病适宜在高温、高湿条件下发生和流行，菌丝的发育与致病温度均以28℃最适宜，以25～28℃和饱和湿度为病害流行有利条件。过量偏施氮肥，高度密植，灌水过深均为诱发病害的主要因素。水稻在分蘖期和孕穗期最易感病。

114 水稻纹枯病有哪些绿色防控技术？

防治水稻纹枯病应以农业防治为基础，优先选用生物农药，轮换使用高效低毒的化学农药进行防治，具体防治方法如下：

（1）农业防治技术。①打捞菌核，减少菌源。稻田整地灌水后要打捞漂浮的菌核残渣并带出田外处理，减少田间菌源基数。②加强栽培管理。宜选用分蘖能力适中、株型紧凑、叶形较窄的水稻品种，合理密植，提倡宽行窄株增加田间通风透气性。施足基肥，追肥早施，不可偏施氮肥，增施磷钾肥，采用配方施肥技术，使水稻前期不披叶、中期不徒长、后期不贪青。管水做到分蘖浅水、够苗露田、晒田促根、肥田重晒、瘦田轻晒、长穗湿润、不早断水、防止早衰，要掌握"前浅、中晒、后湿润"的原则。

（2）药剂防治技术。水稻封行期、大肚期是防治的关键时期，优先选用生物农药井冈霉素水剂或井冈霉素与枯草芽孢杆菌、蜡质芽孢杆菌的复配剂进行防治。为减缓病菌对农药产生抗药性，可与高效低毒化学农药苯甲·丙环唑、戊唑醇、己唑醇、烯唑醇、甲基硫菌灵等药剂轮换使用。

115 水稻稻曲病有什么发生特点？

稻曲病病原菌主要在水稻抽穗扬花期侵入，灌浆后显症，危害穗部谷粒，形成菌块，初为黄色，后变为墨绿色，病谷比正常谷粒大3～4倍。水稻抽穗前后，遇适温多雨天气会诱发并加重病害发生。偏施氮肥，水稻生长嫩绿，长期灌水也会加重发病。

116 水稻稻曲病防治的关键是什么？

种子消毒和抓住水稻关键生育时期是防治稻曲病的有效措施。播种前要进行种子消毒，消毒方法参照防治稻瘟病。大田防治水稻稻曲病的关键时期是水稻孕穗后期（水稻破口前5～7天）。易感品种在抽穗期遇下雨天气时，则在水稻破口中期再施药一次。齐穗期防治效果较差。防治药剂可选用井冈霉素、戊唑醇、咪铜·氟环唑、烯唑醇等药剂。

117 南方水稻黑条矮缩病有哪些发病特征？如何防治？

南方水稻黑条矮缩病是由白背飞虱传染的一种病毒病，其扩展快，隐蔽性强，危害性大。在感病水稻上的典型症状为植株矮缩、叶片浓绿；上部叶片表现为凹凸不平的皱褶，心叶易卷曲；植株高位生长出气生根，表现出高位分枝（分蘖）；植株茎秆有蜡白色条状瘤突，后期瘤突变黑褐色。

控制传毒媒介，培育无病壮秧是防治南方水稻黑条矮缩病的关键。生产上采用"抓前期保后期，抓秧田保大田"的防控策略，用吡虫啉或烯啶虫胺进行浸种处理，重病区秧田做好防虫网覆盖，阻隔传毒飞虱，移栽前施好送嫁药，在移栽期和孕穗初期选用吡蚜酮、噻嗪酮、醚菊酯或烯啶虫胺防治好白背飞虱。早期发现发病株可及时踩入泥中，从健株丛中掰蘖补苗。后期发现重病田块及时翻耕改种。

118 如何防治小麦条锈病？

小麦条锈病是气传病害，流行性和传染性极强，在适宜的温度和湿度条件下，病害繁殖扩散速度非常快，必须采取以种植抗病品种为主、药剂防治和栽培措施为辅的综合防治策略，才能有效地控制其危害。小麦播种前按小麦干种重量的0.1%比例拌三唑酮可湿性粉剂或用小麦种衣剂进行种子包衣。推广小麦机械条播技术，增加田间通风透气性，降低田间湿度。加强田间普查，对重点发病田块采取"带药侦察，发现一点控制一片"，及时控制发病中心。如发现病害有扩散流行趋势，要及时发布病虫情报，组织统防统治，药剂可选用烯唑醇、戊唑醇、己唑醇、腈菌唑、丙环唑等三唑类药剂。

119 防治小麦赤霉病的关键是什么？

小麦赤霉病主要侵染危害小麦麦粒，并产生致病毒素。春季小麦在扬花灌浆阶段，遇阴雨寡照天气易造成流行，田间地势低洼、湿度大、偏施氮肥，有利于病菌繁殖而加重发病。化学防治是防治小麦赤霉病的重要手段，防治效果主要取决于首次施药时间，最佳施药时间为扬花期，若施药关键时期遇雨，应在雨停间隙时喷施，并于5～7天后再喷一次。防治药剂可选用戊唑醇、烯唑醇、己唑醇、咪鲜胺等药剂。

120 油菜菌核病有什么发生特点？如何防治？

油菜菌核病是油菜的主要病害，严重影响油菜的产量和品质，其病菌以菌核的形式越夏和越冬，3—4月油菜菌核萌发产生大量子囊盘，放出大量病菌，随风传播，病菌早期危害下部叶片，有同心轮纹，以后再侵染叶片、茎秆和花瓣，落花期大量花瓣落到油菜植株中下部叶片和茎秆上形成发病高峰，湿度小时为水渍状，湿度大时表面生出白色絮状霉层，剖视茎秆内有黑色鼠粪状菌核。

防治油菜菌核病要合理选用抗病品种，加强田间管理，及时清沟排渍，增加田间通透性，实行水旱轮作。在油菜初花期至盛花期可选用菌核净、腐霉利、异菌脲等防治1～2次。有条件的地方可在油菜花期采用植保无人机进行飞防。

四、绿色防控技术

 **玉米有哪些常见的病虫害？**

玉米常见的虫害主要有玉米螟、黏虫、蚜虫、小地老虎等；常见的病害主要有玉米大小斑病、黑粉病、黑穗病、纹枯病、病毒病等。

 **玉米病虫害绿色防控有哪些技术要点？**

（1）优选品种与种苗处理。购买适宜当地种植的玉米品种，并进行种子包衣，可有效防治苗期土传病害和地下害虫。苗期喷雾氨基寡糖素等调节剂提高种苗抵抗力。

（2）理化诱控技术。田间安装太阳能杀虫灯或玉米螟等性诱剂诱捕器诱杀玉米螟等害虫。

（3）生物防治技术。用白僵菌对冬季堆垛的玉米秸秆进行喷雾处理，以减少玉米螟越冬基数；在玉米螟产卵高峰期田间释放赤眼蜂。

（4）药剂丢心技术。在玉米大喇叭口期，采用苏云金杆菌、白僵菌粉剂或辛硫磷、阿维菌素、毒死蜱颗粒剂拌细土丢心防治玉米螟。

（5）高效低毒化学农药防治技术。合理选用噻虫嗪、吡虫啉防治蚜虫等吸汁类害虫；选用高效氯氰菊酯、氯虫苯甲酰胺等防治玉米螟、棉铃虫等害虫；选用烯唑醇、戊唑醇等三唑类药剂防治玉米锈病、纹枯病。

 **柑橘上有哪些常见的病虫害？**

柑橘上常见的虫害有柑橘红蜘蛛、锈壁虱、介壳虫、烟粉虱、蚜虫、柑橘潜叶蛾、柑橘大实蝇等；常见的病害有炭疽病、疮痂病、树脂病、脂点黄斑病。

 **柑橘病虫害绿色防控技术要点是什么？**

（1）生态控制。橘园适度留草或周边种植蓖麻、丝瓜等，或人工种草，草种有黑麦草、三叶草、紫花苜蓿、百喜草等。给天敌提供良好生存环境。

（2）以螨治螨。人工释放捕食螨。控制红蜘蛛、黄蜘蛛、锈壁虱等。每株树一袋。

（3）诱杀技术。杀虫灯诱杀。4—11月，在橘园内使用频振式杀虫灯、太阳能杀虫灯诱杀金龟子、卷叶蛾、吸果夜蛾等害虫，每两公顷1盏。黄板诱杀。利用黑刺粉虱、柑橘粉虱、蚜虫等害虫趋黄性的特点，挂放黄板诱杀，每667平方米30片。食物诱剂诱杀。从5月下旬到7月上旬，用蛋白饵剂、糖醋药液等诱杀柑橘大实蝇成虫。

（4）落果处理。9—11月，组织柑橘大实蝇发生区果农每2～3天一次，捡拾地面落果和树冠上未熟先黄的虫果，就地装入专用塑料袋密封处理，或交村组统一深埋。柑橘打蜡厂和交易场所废弃果全部入硬化处理池进行无害化处理。

(5) 矿物源、植物源农药清园技术。萌芽前选用农用矿物油、植物油或石硫合剂防治越冬病虫害。

125 柑橘大实蝇发生规律是什么？

柑橘大实蝇在一年发生1代，以蛹在土壤中越冬。越冬蛹于5月中、下旬开始羽化出土，5月下旬至6月上旬为羽化盛期。成虫活动期可持续到9月底。雌成虫产卵期为6月中旬至7月中旬。幼虫于8月中旬开始孵化，9月中、下旬为孵化盛期。10月中旬至11月下旬入土化蛹、越冬。以雌成虫产卵于柑橘果皮内，卵孵化后，幼虫蛀食果肉，常致使果实未熟先黄、提前脱落。10月中、下旬被害果大量脱落。

126 目前有哪些有效的柑橘大实蝇防治方法？

根据柑橘大实蝇的发生规律及危害特点，采取大面积种群治理策略，有规模地组织专业化统防统治，实施以农业防治为基础、成虫诱杀为主的绿色防控措施。

(1) 成虫诱杀技术。根据柑橘大实蝇成虫羽化监测结果在5月底至6月初开始诱杀成虫。一是喷雾诱杀，以90%的敌百虫晶体∶红糖∶醋∶水按1∶30∶10∶1 000的比例，配制成糖醋药液，对全园1/3～1/2树的1/3～1/2树冠喷洒药液，间隔5～7天再喷一次，雨后及时补喷。二是挂瓶诱杀，将上述糖醋药液分装入塑料杯（瓶）中，悬挂于离地面1.0～1.5米的树枝上，间隔15米挂一杯，10～15天换药液一次。药液中如加少量白酒或橙汁效果更佳。三是点喷诱杀，用果瑞特等实蝇诱杀剂1份药兑2份水，每667平方米选10～12个点喷药（严重田块可增加喷药点），选择果树背阴面中下层叶片背面进行喷药，每点喷药0.5～1.0平方米，均匀喷雾至不流滴为宜。大实蝇发生期间每周喷施一次，柑橘园和山林的结合部要多喷，连续喷施4次以上。施药后2～4小时内遇大雨，须晴天后补喷。

(2) 虫果处理技术。从9月中旬开始，摘除果园中未熟先黄的果实，10月至11月下旬集中捡拾处理柑橘园的落果、虫果，每3天一次，然后利用虫果处理池杀死柑橘大实蝇幼虫或者专用虫果处理袋闷杀幼虫。利用虫果处理池处理时，将捡拾的落果和摘除的虫果加5%的生石灰挖坑深埋，覆土压实，覆土层保持50厘米以上。利用虫果处理袋处理时，每袋装20～25千克虫果，扎紧口袋密闭放在太阳下10天以上，虫果内幼虫死亡。

127 柑橘红蜘蛛有什么发生规律？

柑橘红蜘蛛主要以卵和成螨在潜叶蛾危害过的僵叶上、枝梢凹陷处、树皮的裂缝和叶背面越冬。一年发生15代左右，生长繁殖适温20～28℃。完成一个世代须经过卵、幼螨、若螨、成螨时期,红蜘蛛发生与柑橘的新梢期关系密切,每一次新梢转绿期为红蜘蛛提供了丰富的食料,成为大量繁殖、猖獗危害的高峰。第一次发生高峰在4—5月春梢抽发期,第二次高峰发生在9—10月秋梢抽发期。

128 柑橘锈壁虱有什么发生规律?

柑橘锈壁虱又叫柑橘锈螨,危害柑橘果实造成黑皮果,寄主仅限于柑橘类,一般发生18～30代。成螨、若螨均喜阴,在叶片上集中在叶背,果实上多集中在背阳面进行危害。于4月中旬开始爬向新叶,聚集在新梢叶背主脉两侧危害,4月下旬至5月上旬危害幼果,引起大量落果,6月上旬黑皮果出现,7—10月为发生盛期,在叶和果面上附有大量虫体和蜕皮,好似一层灰尘,7—9月高温、干燥条件下常发生严重。借助风力、昆虫等进行传播蔓延。

129 如何防治柑橘螨类?

(1) 农业防治措施。做好冬季清园,结合修剪剪除有利于螨类潜藏的废枝叶,减少越冬虫源;采果后至春芽萌发前,认真进行喷药,消灭越冬的虫口及螨卵,是全年防治的关键。

(2) 生物防治措施。释放捕食螨,分别在4月下旬至5月上旬和8月上旬虫口密度较小时释放2次捕食螨,每株挂一袋。

(3) 药剂防治措施。春梢萌发前用松脂合剂、矿物油、炔螨特进行防治;开花后至果实生长期可选用哒螨灵、阿维菌素、乙螨唑、螺螨酯、联苯肼酯等药剂进行喷雾防治。

130 柑橘砂皮病有什么发生特点?如何防治?

柑橘砂皮病,又叫柑橘树脂病、柑橘黑点病,因在果实和叶片上发病呈现出许多沙粒状黑点,手摸有砂纸之感而得名。该病因不同部位发病症状不同而名称不同,发生在枝干上的称为树脂病或流胶病,发生在幼果和嫩叶上的称为黑点病或砂皮病,发生在贮藏期的称为蒂腐病。

砂皮病病原菌在枯枝及枯死树皮上越冬,并成为翌年初侵染源。病菌发育最适温为20℃,分生孢子萌发适温为15～25℃。病菌分生孢子主要借风雨传播,湿度适宜时即萌发芽管,从冻伤、灼伤、剪口伤、虫伤等伤口侵入。此病害发生流行程度主要取决于植株伤口、雨水和温度条件。在20℃左右条件下,如果雨水充足和植株发生伤口较多,此病就严重发生。严寒冰冻引发冻伤易诱发该病的流行,粗放管理致使柑橘树势衰弱可加剧发病。

防治砂皮病首先要加强橘园田间水肥管理,培育健壮树势。加强冬春修剪,剪去枯死枝条、裂皮枝干,将枯死枝及时带出果园销毁。冬季进行树干刷白,涂白剂可用生石灰20千克+食盐1千克+水100千克配制,或选用果树专用液态保护膜(国光松尔膜),对树干进行喷涂保护。药剂防治关键期为春梢萌芽期、谢花2/3期、幼果期、果实膨大期。药剂防治可选用以下配方:10%氟硅唑1 500倍液+80%代森锰锌1 500倍液;10%苯醚甲环唑1 000倍液+30%嘧菌酯4 000倍液+80%代森锰锌1 500倍液;25%咪鲜胺1 500倍液+80%代森锰锌1 500倍液;50%氟啶胺1 500倍液+80%代森猛锌1 500倍液。以上药剂轮换进行使用。

131 柑橘潜叶蛾有什么发生特点?如何防治?

柑橘潜叶蛾以蛹或少数老熟幼虫在叶缘卷曲处越冬,多数地区4月下旬越冬蛹羽化为成虫,5月田间出现危害,7—9月夏、秋梢抽发期危害最烈。主要以幼虫潜入柑橘嫩叶、嫩茎皮下组织取食,蛀成弯曲隧道,在隧道中间有1条黑色线为幼虫的排泄物。

防治柑橘潜叶蛾应做好冬季清园,结合修剪剪除被害枝叶,减少虫源。抹芽控梢,及早抹去夏梢和迟秋梢,促进秋梢抽发整齐,有利于集中喷药防控。药剂防治保梢应选准防治时期,一是早春新梢吐出5～10毫米时开始防治,二是立秋放秋梢后开始防治,防治药剂可选用阿维菌素、吡虫啉、除虫脲等药剂。

132 柑橘花蕾蛆有什么发生特点?如何防治?

一年发生1代,以末龄幼虫在土中越冬,3—4月羽化出土,雨后最盛。花蕾露白时成虫大量出现并产卵于花蕾内,散产或数粒排列成堆。幼虫在花蕾内危害10余天老熟脱蕾入土结茧,3—4月多阴雨有利于成虫发生,幼虫脱蕾期多雨有利于幼虫入土。

防治方法如下:

(1)农业防治。每年的2月底至3月初对树冠附近的浅土层进行浅耕,有利于减轻虫害。在成虫出土前用地膜覆盖,阻止成虫出土羽化和上树产卵,有较好的防治效果。

(2)地面喷药防治。成虫出土时进行地面喷药,是阻止花蕾蛆上树危害的最有效的办法,喷药的时间为花蕾顶端开始露白前的3～5天。可用的药剂有:2.5%溴氰菊酯乳油、90%敌百虫或80%敌敌畏800～1 000倍液等喷洒地面,7～10天1次,连喷2次。

133 近年来,茶园病虫害演替有什么特点?

茶园生态系统相对比较稳定,随着茶园管理水平越来越高,60年来茶园害虫演替有以下规律：一是由体型较大、咀嚼式口器害虫向体型较小、刺吸式口器害虫方向演替；二是由栖息叶面或裸露型向栖息隐蔽或体被介壳、蜡质、蜡粉等保护物方向演替；三是由发生整齐、繁殖代数低向发生不整齐、繁殖代数高的虫群演替；四是由寡食性害虫向专食性害虫演替。

影响茶叶质量安全的关键是什么？

影响茶叶质量安全的关键是农药残留。

为什么茶叶更易发生农残超标？

相对其他作物来说，茶叶收获部位是直接喷药的部位，单位重量的收获部位相对于其他作物来说表面积更大，更易接收农药附着。此外，茶叶一年多次采摘，农民往往没过农药安全间隔期便再次采摘，且采摘的茶叶一般不经过清洗直接进行加工，这些导致了茶叶农残容易超标。

136 选择茶园用农药的基本原则是什么？

选择茶园用农药应遵循安全、高效、低毒、低残留的原则。农药品种要对人畜安全、对农产品质量安全、对生态环境安全，禁止使用高毒、高残留农药。优先选用生物源和矿物源农药，其次根据生产无公害茶、绿色食品茶和有机茶的目标，适当选择化学合成的低毒低残留农药品种。

137 为什么要替代吡虫啉、啶虫脒、三唑磷在茶叶上的使用？

吡虫啉、啶虫脒、三唑磷均为水溶性农药，在水中溶解度高，在茶叶冲泡时更易浸出到茶汤中而被检出，容易出现农药残留超标，欧盟等国对吡虫啉、啶虫脒、三唑磷等水溶性农药关注度高，将其列为必检项目，为保障身体健康和减少外贸受阻，需要减少吡虫啉、啶虫脒、三唑磷等水溶性农药在茶叶上的使用，选用其他高效低毒低残留的农药进行替代。

防治茶叶病虫害有哪些常见的生物农药种类？

防治茶叶病虫害的生物源农药种类较多，可分为微生物源农药、动物源农药和植物源农药。常见的微生物源农药有多抗霉素、浏阳霉素、华光霉素、春雷霉素、井冈霉素、白僵菌、绿僵菌、蜡蚧轮枝菌、乳状芽孢杆菌、韦伯虫座孢菌、玫烟色拟青霉、苏云金杆菌、短稳杆菌、核型多角体病毒、颗粒体病毒等。常见的动物源农药有性信息素，寄生性天敌动物如赤眼蜂、昆虫病原线虫，捕食性天敌动物如瓢虫、捕食螨等。常见的植物源农药有苦参碱、鱼藤酮、除虫菊素、印楝素、川楝素、烟碱、植物油等。

139 茶树病虫害绿色防控技术要点是什么？

茶树病虫害防治主要对象有茶尺蠖、茶小绿叶蝉、黑刺粉虱、茶毛虫、茶蚜和茶饼病、茶炭疽病、茶轮斑病等。

（1）农业生态调控技术。①生草栽培，改善生态环境。茶园行间推广种植紫云英、豆类等绿肥植物培肥地力。茶园内合理种植桂花、苦楝、桃、李等观赏植物，改善茶园生态环境，保持生物群落多样性。②农事操作控制措施。合理修剪、分批采摘。及时合理采摘对叶蝉、蚜虫、螨类等有明显抑制作用。春茶采摘结束后，对茶园进行适度修剪，有利于保持茶园通风透光，减少病虫害发生。③适时清园。秋末冬初结合施基肥，进行茶园深耕，减少土壤中越冬的鳞翅目和象甲类害虫的数量。

（2）诱杀防控技术。①黄板诱杀茶小绿叶蝉、黑刺粉虱等害虫。每667平方米茶园插黄板20～25张，悬挂高度高出茶叶采摘面10厘米左右。②灯光诱杀茶毛虫、茶尺蠖、茶毒蛾、茶细蛾和茶卷叶蛾等鳞翅目害虫成虫。每2～3公顷安装一盏太阳能杀虫灯。③性诱剂诱杀结合黄板诱杀，推广茶尺蠖、茶小绿叶蝉性诱剂诱杀技术。

（3）生物防治技术。①保护和利用天敌，保护茶园蜘蛛、瓢虫、草蛉、赤眼蜂、缨小蜂等。②推广应用核型多角体病毒、茶核·苏云菌、乙基多杀菌素等生物农药和苦参碱、印楝素、藜芦碱、苦皮藤素、除虫菊素等植物源的成熟产品及相应技术防控茶园害虫。③推广应用氨基寡糖素等具有提高抗病、抗逆能力和增产效果的免疫诱导剂和生长调节剂。

（4）精准施药控害技术。对非有机茶园，在后期病虫害仍然无法控制时，根据生产茶叶的标准要求、病虫害的发生情况、环境条件等因素，确定施药时期，选准农药，适量施药。由专业化服务组织实施精准施药。

140 茶尺蠖有什么发生规律？如何进行防治？

茶尺蠖属食叶类害虫，以幼虫取食嫩叶危害，严重时可将嫩叶、枝梢、叶芽一扫而光，造成茶园绝收。一般4月中旬左右开始发生，全年可发生4～7代。成虫多在下午至午夜前羽化，一个卵块孵化的幼虫可多达数百头，故1、2龄幼虫常集中暴发，4龄后食量陡增，常将叶片食光，仅剩主脉，老熟后化蛹土中。久晴不雨、高温干燥不利于其化蛹和羽化，幼虫孵化期若遇上暴雨，易被雨水冲刷死亡。

防治茶尺蠖应以农业和物理防治为基础，秋冬季节加强管理，清除枯枝烂叶以及表土中的蛹，结合田间安装杀虫灯诱杀成虫达到降低虫源的目的。在茶尺蠖卵孵初期至低龄幼虫期选用生物农药或高效低毒的化学农药进行防治,药剂可选用苏云金杆菌、短稳杆菌、鱼藤酮、苦参碱、除虫脲或联苯菊酯等进行防治。

141 茶小绿叶蝉有什么发生规律?如何进行防治?

茶小绿叶蝉属刺吸式口器害虫,主要危害嫩叶,导致芽叶萎缩失水、叶片枯焦,造成鲜叶减产、品质下降。长江流域一年发生9~11代,越冬成虫3月中下旬气温10℃以上时开始活动,3月下旬产卵,第1代若虫于4月上中旬出现后,隔15~30天发生1代,世代重叠。每年出现两个高峰期,第一高峰在5月下旬至7月上旬,夏茶受害重;第二高峰在8月中下旬至11月上旬,危害秋茶。时晴时雨、适温高湿条件下利于其发生,高温干旱、久晴不雨或雨期较长条件下均不利于其繁殖。

防治茶小绿叶蝉应及时分批多次采茶,阻断其嫩叶食物链,减低虫口基数,及时铲除茶园杂草。当田间春茶采摘结束后及时使用药剂进行防治,优先选用生物农药进行防治,药剂可选用藜芦碱、苦参碱、茶皂素、印楝素等,或选用高效低毒低残留化学农药进行防治,可选用茚虫威、吡蚜酮、唑虫酰胺、虫螨腈、噻虫嗪、联苯菊酯等药剂。

142 茶炭疽病有什么发病特点?如何进行防治?

茶炭疽病主要危害成叶和老叶,多从叶缘或叶尖产生水渍状、暗绿色、圆形病斑,后沿叶脉扩大成不规则性病斑,上面散生黑色小粒点。温度25~27℃,高湿条件下最有利于发病,全年以梅雨季节和秋雨季节发生最盛。

防治炭疽病首先要加强田间管理,及时清除田间病残体,增施磷钾肥和有机肥,提高茶树抵抗力。在6月上旬梅雨季节前和9月上旬秋雨来临前喷施杀菌剂保护,可选用多抗霉素、吡唑醚菌酯、咪鲜胺、百菌清等进行防治。

143 如何防治大白菜软腐病?

(1)选用抗病品种。选用抗病性强的品种,老病区应淘汰柔嫩、多汁的白帮型易感病品种。

(2)合理轮作。在有条件的地方应进行2年以上的轮作,尽量不与十字花科作物连作或套作。大白菜前茬作物以水稻、玉米、大麦、高粱、葱、大蒜、韭菜等为宜。

(3)高畦栽培。应选择土层深厚、疏松肥沃的沙质壤土种植为好。在移栽前15~20天将土壤深翻耙地后起高畦,畦高35厘米左右,以便排水防渍;增加土壤通气性,提高植株抗病能力。

(4)适时播种。一般在立秋前后播种育苗为宜。播种过迟,生长期间气温太低,易造成后期结包松散或不结包,影响产量;播种太早,因气温太高,幼苗生长缓慢,易引起病虫危害,降低品质。

(5)加强肥水管理。施足以腐熟的人畜粪和堆肥为主的基肥。追肥应做到先淡后浓,逐渐增加用量,严禁施用未腐熟的人粪尿。进入包心期后,要注意勤灌水,每次灌水不能过多,且随灌随排。下雨后应清沟沥水,做到雨停田干。

(6)消除病株。加强田间检查,发现病株及时连土拔除,并在病株根穴内撒施生石灰进行消毒处理。

(7)化学防治。病前或发病初可喷农用链霉素、中生菌素、噻菌铜、噻森铜、乙蒜素等药剂喷雾防治。

144 黄瓜霜霉病有什么发病规律？如何防治？

黄瓜霜霉病,俗称"跑马干",苗期成株都可受害,主要危害叶片,苗期发病,子叶上起初出现退绿斑,逐渐呈黄色不规则形斑,潮湿时子叶背面产生灰黑色霉层。叶片发病初现水浸状病斑,扩大后受叶脉限制,呈多角形斑,潮湿时叶背面病斑上生出灰黑色霉层,严重时全株叶片枯死。黄瓜霜霉病最适宜发病温度为16～24℃,适宜的发病湿度为85%以上,特别在叶片有水膜时,最易受侵染发病。

控制田间温湿度使其不利于病菌生长发育可有效减轻黄瓜霜霉病的发生。发病田块可选用霜霉威、霜霉威盐酸盐、三乙膦酸铝、霜脲氰、吡唑醚菌酯、烯肟菌酯等药剂进行喷雾防治。

145 怎样减少蔬菜重茬和土传病害的发生？

一是合理轮作,提倡不同种类作物轮作来减少土壤中病原菌的数量,特别是水旱轮作。二是增施有机肥料,特别是含有益微生物有机肥,农家肥必须经过堆沤、发酵,高温处理,充分腐熟。三是做好土壤消毒,包括化学药剂消毒或利用温室封闭性能好的特点高温闷棚消毒。四是嫁接法,适合嫁接的瓜类、茄果类等作物通过嫁接提高植株的抗病力。五是药剂防治。可根据病害种类,选用相应的药剂,在播种前进行土壤消毒,生长期进行喷雾和灌根。灌根方式除采用淋施外,还可将喷雾器的喷头取下,直接用喷雾杆施药灌根。药剂可选用恶霉灵、甲霜灵、中生菌素、琥胶肥酸铜、百菌清、氯溴异氰尿酸等药剂。

146 蔬菜病虫害绿色防控技术有哪些技术要点？

(1)农业防治技术。选用抗性品种,培育无病无虫壮苗。清洁田园,清除病残体、整枝打叉、摘除病老叶。合理施肥,调酸补钙、施用有机肥。

（2）理化诱杀技术。杀虫灯诱杀地下害虫及鳞翅目害虫成虫；黄（蓝）板等粘虫板诱杀粉虱、蚜虫、蓟马、灰地种蝇；性诱剂诱杀小菜蛾、斜纹夜蛾、甜菜夜蛾、黄曲条跳甲。温室使用防虫网阻隔技术。

（3）生物防治技术。保护和利用天敌，主要是保护和利用田间瓢虫、食蚜蝇等自然天敌。积极推广生物农药，如用鱼藤酮防治跳甲和蚜虫，用白僵菌、印楝素、苦参碱、乙基多杀菌素、天然除虫菊素、苏云金杆菌、短稳杆菌、核型多角体病毒等防治鳞翅目害虫，用灭蝇胺防治地蛆。优先选用哈茨木霉菌、蜡质芽孢杆菌、枯草芽孢杆菌等生物农药预防和控制病害。推广应用氨基寡糖素等具有提高抗病、抗逆和增产效果的免疫诱导剂和生长调节剂。

（4）精准施药技术。运用多种监测手段，把握病虫防治最佳期，选择高效低毒低残留农药，按照病虫害防治标准，实行对症配药，精准施药，以达到有效控制病虫害、降低农药污染风险的目的。严格执行安全间隔期。

147 白菜等十字花科蔬菜根肿病危害症状及防治措施有哪些？

根肿病主要危害白菜等十字花科作物根部，在主根或侧根成纺锤状或指形至不规则形的肿瘤，后肿瘤表皮变暗粗糙破裂，地上部生长不良，叶片逐渐变黄萎蔫。

防治根肿病一是要实施检疫，严禁从病区调运种苗和蔬菜种子，以保护无病区。二是实行水旱轮作，或与其他非寄主作物轮作5年以上。三是增施碱性肥料，每667平方米可施石灰50～100千克或石灰氮40千克，调节土壤酸碱度，降低发病率。四是选用化学药剂防治，可选用百菌清、氟啶胺、氰霜唑等药剂对植株进行移栽蘸根或淋根。五是加强抗病品种选育，目前可选用的抗油菜根肿病品种有华油杂62R、华双5号R。

五、标准化生产技术

 **什么是农业标准化?**

农业标准化是指运用"统一、简化、协调、优化"的标准化原则,对农业生产产前、产中、产后全过程,通过制定标准和实施标准,促进先进的农业成果和经验的迅速推广,确保农产品的质量和安全,促进农产品的流通,规范农产品市场秩序,指导生产,引导消费,从而取得良好的经济、社会和生态效益,以达到提高农业竞争力的目的。

 **什么是农业标准?**

农业标准是为在农业生产、经营范围内获得最佳秩序,对农业活动或其结果规定共同的和重复使用的规则、指导原则或特性的文件;该文件经协商一致制定并经一个公认的机构批准。

 **农业标准分哪几类?**

按照农业标准的属性,农业标准分为农业技术标准、农业管理标准和农业工作标准三大类。

 **什么是农产品质量安全标准?**

农产品质量安全标准是指依照法律、行政法规和规定制定和发布的农产品质量安全的强制性技术规范,一般是指农产品质量要求和卫生条件,以保障人的健康、安全的技术规范和要求。如农产品中农药、兽药等化学物质的残留限量,农产品中重金属等有害物质的量,对致病性寄生虫、微生物或者生物毒素的相关规定,农药、兽药、添加剂、保鲜剂和防腐剂等化学物质的使用规定等。我国现行的农产品卫生标准,无公害食品系列标准等相关的强制性国家标准和行业标准都属于农产品质量安全标准。

 **如何获取农产品生产标准?**

国家标准可以通过中国标准出版社查询、购买。农业行业标准可以通过中国

农业出版社查询、购买。目前,中国农业质量标准网(www.caqs.gov.cn)提供农业行业标准全文免费查询。

 **什么是农产品标准化生产?**

农产品标准化生产是指按照农产品生产标准要求,对农产品生产的产前、产中、产后进行全过程规范和控制。

 **种植业农产品安全生产中,如何进行产地选择?**

要种植出安全的农产品,产地要选择生态条件良好、远离污染源并具有可持续生产能力的农业生产区域。产地最好集中连片,具有一定的生产规模,产地区域范围明确,产品相对稳定。绿色无公害农田要与常规生产的农田保持百米以上的距离。产地区域范围内、灌溉水上游、产地上风向,均没有对于产地构成威胁的污染源,尽量避开公路主干线。

有下列情况之一,则不能作为食用农产品种植的生产基地:
(1)产地周围及产区内有工矿企业、医院等污染源单位。
(2)产地为农作物病虫害的高发区。
(3)产地水源和排灌条件不具备,土质不符合条件并无法改造的地区。
(4)通过对产地环境质量指标进行检测评价,综合污染指数不达标的。
(5)土壤或水源中有害矿物质含量过高的。

 **农产品生产记录应包括哪些内容?农产品生产记录一般应保存多长时间?**

(1)使用农业投入品的名称、来源、用法、用量、使用日期和停用日期。
(2)动物疫病、植物病虫草害的发生和防治情况。
(3)收获、屠宰或者捕捞的日期。
农产品生产记录应当保存两年。禁止伪造农产品生产记录。

 **哪些农产品销售时必须包装?**

农产品生产企业、农民专业合作经济组织以及从事农产品收购的单位或者个人,用于销售的下列农产品必须包装:
(1)获得无公害农产品、绿色食品、有机农产品等认证的农产品,但鲜活畜、禽、水产品除外。
(2)省级以上人民政府农业行政主管部门规定的其他需要包装销售的农产品。
符合规定包装的农产品拆包后直接向消费者销售的,可以不再另行包装。

157 包装农产品的材料有规定吗？

包装农产品的材料和使用的保鲜剂、防腐剂、添加剂等物质必须符合国家强制性技术规范要求。包装农产品应当防止机械损伤和二次污染。

158 农产品包装物上应当标注哪些标识？

农产品生产企业、农民专业合作经济组织以及从事农产品收购的单位或者个人包装销售的农产品，应当在包装物上标注或者附加标识标明品名、产地、生产者或者销售者名称、生产日期。有分级标准或者使用添加剂的，还应当标明产品质量等级或者添加剂名称。

159 什么是农产品产地准出？

农产品产地准出指食用农产品生产主体依法建立健全质量安全管理制度，在生产过程中实施规范化管理，对具备规定条件的食用农产品准许运销出产地的质量管理制度。

160 农产品产地准出的条件是什么？

农产品生产企业、农民专业合作经济组织和种养大户生产的取得农业"三品一标"产品认证有效证书的农产品，销售前应当达到如下"四有"条件，方可准予运出产地。①有标准化生产记录。②有检验检疫合格证。③有包装标识（鲜活畜、禽、水产品除外）。④有《农产品产地证明》。

161 产地准出凭证有哪些？

农业部2016年发布的《农业部关于开展食用农产品合格证管理试点工作的通知》中实行的农产品产地准出合格证，另外无公害农产品、绿色食品、有机农产品及地理标志农产品认证证书或登记证书复印件，有效的食用农产品质量安全追溯标签也可以作为产地准出凭证。

162 如何获取产地准出凭证？

（1）每个乡镇农产品质量安全监管站都制有《食用农产品产地准出合格证（一票通）》，生产者可到当地乡镇监管站领取，在合格证上如实填写相应内容并签字盖章即可。

（2）生产者拥有无公害农产品、绿色食品、有机农产品及农产品地理标志认证证书或登记证书复印件，有效的食用农产品质量安全追溯标签。

163 农产品运输环节中如何保障质量安全?

在运输过程中,应保持运输车辆的清洁卫生;保持包装的完整性;不应与其他有毒、有害物质混装。运输车辆应具有较好的抗震、通风等性能。

164 什么是农业"三品一标"?

农业"三品一标"是无公害农产品、绿色食品、有机农产品和农产品地理标志的简称,是政府主导的安全优质农产品公共品牌,是当前和今后一个时期农产品生产消费的主导产品。发展"三品一标"是农业发展进入新阶段的战略选择,也是传统农业向现代农业转变的重要标志。

165 发展"三品一标"对农产品质量安全能起到什么作用?

"三品一标"推行标准化生产和规范化管理,将农产品质量安全源头控制和全程监管完全落实到农产品生产经营环节,有利于实现"产""管"并举,从生产过程全面提升农产品质量安全水平。

166 发展"三品一标"对生态环境保护有什么好处?

党的十八届五中全会提出"创新、协调、绿色、开放、共享"发展理念,而"三品一标"倡导绿色、减量和清洁化生产,遵循资源循环无害化利用,严格控制和鼓励减少农业投入品使用,注重产地环境保护,在推进农业可持续发展和建设生态文明等方面,具有重要的示范引领作用。

167 发展"三品一标"对农民增收有什么作用?

我国农产品供求已由单一的卖方市场转变为多样化的买方市场,人们的选择在增加,农产品消费市场在变化。"三品一标"作为政府主导的安全优质农产品公共品牌,通过品牌带动,推行基地化建设、规模化发展、标准化生产、产业化经营,有效推动了农产品品质向市场竞争力、影响力、占有率和美誉度方向发展,由此更容易提升农产品价格,推动优质优价,能有力推动农业增效、农民增收和精准扶贫。据统计,目前"三品一标"产品的平均溢价到20%以上。

168 无公害农产品、绿色食品、有机农产品及农产品地理标志的区别与联系何在?

"三品一标"同属于我国农产品质量标志,是施加于获得特定质量认证农产品的证明性标识。其区别主要体现在功能定位和认证方式及标准上。

(1)功能定位不同。无公害农产品立足安全管控和保障消费安全,在强化产地认定的基础上,要充分发挥产地准出功能。绿色食品突出安全优质和全产业链优势,引领优质优价。有机农产品彰显生态安全和农业可持续发展、低碳环保特点,因地制宜,满足公众追求生态、环保的消费需求。农产品地理标志突出地域特色和品质特性,带动优势特色农产品区域品牌创立,是区域公共品牌,属于农业物质和非物质文化遗产,是农业知识产权的重要体现。

(2)认证方式及标准不同。无公害农产品认证是政府行为,采取逐级行政推动,认证不收费。无公害认证由产地认定和产品认证两个部分构成,执行国家无公害农产品标准和规范的要求;生产过程中在不使用国家禁止的高毒、高残留农药和限制使用的农药前提下,允许科学合理使用农药和化肥。

绿色食品作为质量注册证明商标,认证及标志使用均须缴纳费用。认证执行绿色食品行业标准,在生产过程中允许严格按照绿色食品的农药、肥料、食品添加剂等使用准则合理规范使用投入品。

有机农产品认证工作由国家认监委批准的具有相关资质的社会化机构进行认证,采取一年一认证,一年一收费。生产过程禁止使用化学合成的农药、肥料、兽药、添加剂等,禁止使用基因工程技术及该技术的产物及其衍生物。

农产品地理标志登记保护工作由农业部具体组织实施并最终公告发证,地标认证属于公益行为,认证不收费,认证后证书长期有效,认证执行《中华人民共和国农产品质量安全法》等相关标准和规范,生产过程禁止使用国家禁限用农药。认证主要侧重对地域特色农业资源和农耕文化传承保护。

 **冒用"三品一标"标志行为如何进行处罚?**

根据《中华人民共和国农产品质量安全法》第五十一条:冒用农产品质量标志的,责令改正,没收违法所得,并处 2 000 元以上 20 000 元以下罚款。

 **成功申报"三品一标"有扶持政策吗?**

对"三品一标"的发展扶持体现在两个方面:

(1)直接奖励。比如,2015 年以来,宜昌市政府出台《宜昌市创建名牌和标准创新奖励办法》,对每个获证农产品地理标志给予 10 万元奖励。夷陵、宜都、枝江、兴山等地不仅对农产品地理标志进行奖励,还把"三品"纳入了奖励,最高奖励达 20 万元。

(2)间接扶持,即政策和项目的扶持。2016 年 5 月,农业部下发了《关于推进"三品一标"持续健康发展的意见》,要求不断提高生产经营主体发展"三品一标"的积极性,尽可能把"三品一标"纳入各类农产品生产经营性投资项目建设重点,并作为考核和评价现代农业示范区、农产品质量安全县、龙头企业、示范合作社、"三园两场"等建设项目的关键指标。各地在标准化基地建设、菜篮子建设、绿色防控等项目上都对"三品一标"企业有倾斜。

171 "三品一标"有期限规定吗？到期了要怎么办？

无公害农产品和绿色食品标志的证书有效期是三年。证书有效期满，需要继续使用标志的，标志使用人应当在有效期满的三个月前向省级工作机构提出复查换证和续展申请，同时完成网上在线申报。

有机农产品证书有效期是一年，获证组织应至少在有效期结束前三个月向认证机构提出再认证申请和再认证检查，实行一年一认证。

农产品地理标志为区域公共品牌，登记证书长期有效。

172 对"三品一标"的监管主要体现在哪些方面？

（1）市场监管。每年定期全面开展"三品一标"标志使用的市场检查，实施县市区全覆盖，并针对重点县市、重点超市和农贸市场及重点品种加大检查力度。如果发现超范围用标、假冒用标等不法行为，将依据《中华人民共和国农产品质量安全法》进行处罚。

（2）源头监管。每年都要开展农产品质量安全监测行动，定期对所有"三品一标"产品实施监测全覆盖。同时在进企业服务过程之中，不仅要对产品质量进行抽查，而且也要对标志使用进行严格检查。

（3）严格实施年检制度。重点对绿色食品企业开展一年一度的年检，核查企业的产品质量及其控制体系状况、规范使用绿色食品标志情况等。

（4）加大查处力度。将"三品一标"监管置于农产品质量安全监管大平台之上，定期发布农产品质量安全红黑榜；对年检不合格、逾期不换证和部省抽检不合格的企业，提交农业部取消认证证书。

173 "三品一标"生产记录主要记些什么内容？

"三品一标"生产记录根据产品类型记录内容有所不同，其中种植业产品记录主要包括：生产单位基本情况登记表、生产投入品采购记录、种子（苗）使用记录、肥料使用记录、农药使用记录、农事生产操作记录、原料入库记录、产品抽检登记表。养殖业产品记录主要包括：生产单位基本情况登记表、生产投入品采购记录、药物使用记录、消毒记录、无害化处理记录、疫苗使用记录、饲料或饲料添加剂使用记录、免疫记录、产品入库记录、产品出库记录、产品抽检登记表。加工业产品记录主要包括：生产单位基本情况登记表、生产投入品采购记录、加工生产原料使用记录、产品包装记录、产品入库记录、产品出库记录、产品抽检登记表。

 **什么是"三品一标"内检员？**

"三品一标"内检员是指经培训合格取得国家颁发的"三品一标"内检员证书，并在"三品一标"生产单位负责"三品一标"标准化生产、质量安全管理和标志使用管理的专业技术人员。

 **"三品一标"企业内检员的职责有哪些？**

（1）负责收集农产品质量安全管理方面政策规定，组织制（修）订本单位"三品一标"安全管理文件和生产技术规程。

（2）贯彻落实本单位"三品一标"质量安全管理制度，指导建立"三品一标"生产记录档案。

（3）组织开展"三品一标"质量安全内部检查及改进工作。

（4）承办"三品一标"认证的组织申报工作。

（5）配合"三品一标"管理机构做好日常监督检查工作。

 **"三品一标"监管人员需要一些什么资质？**

无公害农产品监管人员须获得无公害农产品检查员资质，无公害农产品检查员须从事无公害农产品认证工作的业务骨干经专门培训考试合格后在农业部农产品质量安全中心注册。

绿色食品监管人员须获得绿色食品检查员资质，绿色食品检查员注册应首先完成中国绿色食品发展中心有关检查员培训课程的培训，通过考试取得《绿色食品检查员培训合格证书》并有2次以上相关专业现场检查经历。

有机农产品监管人员须获得有机农产品检查员资质，有机农产品检查员应当经国家认证人员注册机构注册后，方可从事有机农产品认证检查活动。

农产品地理标志监管人员应获得农产品地理标志核查员资质，核查员注册申请前应参加部或省级工作机构举办的农产品地理标志核查员注册资格培训，考试合格的由农业部颁发《全国农产品地理标志核查员注册资格考试合格证书》并完成注册。

 **"三品一标"农产品加贴统一防伪标识有什么好处？**

（1）防伪。防伪标识采用荧光防伪特种油墨印制，具有很高的防伪性，由于标签制作工艺的特殊性，从根本上防止标识造假者的批量伪造。

（2）保真。加贴防伪标识为高附加值的产品提供了安全可靠和低成本的可防伪性能的标识,实现对正品的扶持和对假冒产品的有效限制,保护生产经营者的权益。

(3)易识别。防伪标识覆盖防伪查询数码,消费者可通过短信、电话、网络三种方式查询产品真伪。帮助消费者识别产品是否是"三品一标"农产品,是对"三品一标"品质和信誉的最好证明。

(4)易监管。防伪标识增强了可追溯性,监管部门能够对防伪标识的主体、用途和使用数量情况进行有效控制。

178 "三品一标"由哪些部门负责认证登记工作?

无公害农产品、绿色食品的认证和农产品地理标志登记保护工作都在农业部中国绿色食品发展中心,由农业部最终公告发证。而有机农产品认证工作由国家认监委批准的具有相关资质的社会化机构进行认证,农业部有北京中绿华夏有机食品认证中心,此外还有中国质量认证中心、北京五岳华夏管理技术中心、西北农林科技大学认证中心、南京国环有机产品认证中心(同时还可开展出口有机产品认证)、杭州中农质量认证中心等多家单位。

179 什么是无公害农产品?

无公害农产品是指产地环境、生产过程、产品质量符合国家有关标准和规范的要求,经认证合格获得认证证书并允许使用无公害农产品标志的未经加工或初加工的食用农产品。

180 无公害农产品标志图形的含义是什么?

无公害农产品标志(图1)由麦穗、对勾和无公害农产品字样组成。麦穗代表农产品,对勾表示合格,金色寓意成熟和丰收,绿色象征环保和安全。

图1 无公害农产品标志

181 无公害农产品应具备哪些条件?

(1)产地环境。无公害农产品的产地必须经具有资质的检测机构检测,灌溉水(畜禽饮用水、加工用水)、土壤、大气等符合国家无公害农产品生产环境质量要求,产地周围3千米,上风方向5千米范围内没有污染企业,蔬菜、茶叶、果品等产地应远离交通主干道100米以上。畜禽养殖场距居民区500米以上。

(2)产地规模。无公害农产品的产地规模应集中连片,产品相对稳定,并具有一定规模。种植业生产规模宜为粮油作物66公顷以上,露地蔬菜10公顷以上,设施蔬菜5公顷以上,茶、果10公顷以上,食用菌10 000平方米以上。畜牧业生产规模宜为蛋用禽存栏3 000羽以上,肉用禽年出栏6 000羽以上,生猪年出栏600头以上,肉牛年出栏200头以上,奶牛存栏60头以上,羊存栏180只以上。渔业生产规模宜为湖泊面积20公顷以上,池塘面积2公顷以上,工厂化养殖水体5 000平方米。

(3)生产过程。应具备四条质量控制措施:一是按照无公害农产品生产技术标准或规程,制定符合当地实际情况的操作规范并组织生产。二是建立严格的农(兽、渔)药、肥料、饲料、饲料添加剂、生物制剂等投入品使用登记制度和动物用药记录、休药期记录,建立生产过程台账,规范使用农药(兽药),严禁使用国家禁用、淘汰的农业投入品。畜禽产品产地应提供动物防疫监测机构监测的无法定一、二类动物疫病及其他人畜共患病的监测报告。三是建立环境质量动态监测点、病虫害预测预报站(点)和产品快速检测点(站),对产地环境和上市前的产品进行定期或不定期抽检。四是产品必须经有资质检测机构检测合格。

182 无公害农产品认证的功能作用?

(1)保障农产品质量安全。
(2)规范市场秩序、增强消费者信心。
(3)提高农业生产水平和管理水平。
(4)树立安全优质农产品形象。

183 凡是质量安全的农产品都可以叫"无公害农产品"吗?

不是。因为无公害农产品是指通过产地环境、生产过程和产品质量都符合无公害农产品标准且经过认证的农产品,质量安全的未经过认证的农产品不能叫无公害农产品。

184 无公害农产品生产管理有哪些方面?

(1)生产过程符合无公害农产品生产技术的标准要求。
(2)有完善的质量控制措施,并有完整的生产和销售记录档案。
(3)有相应的专业技术和管理人员。

从事无公害农产品生产的单位,应当严格按规定使用农业投入品。禁止使用国家禁用、淘汰的农业投入品。

185 无公害农产品认证包括哪些方面?

无公害农产品认证包括产地认定和产品认证两部分。

186 如何申报无公害农产品?要多长时间?

从事农产品生产的单位,可以直接向所在县级"三品一标"工作机构提出无公

害农产品产地认定和产品认证一体化申请,并提交以下材料:

(1)《无公害农产品产地认定与产品认证申请和审查报告》。

(2)营业执照、食品卫生许可证、动物防疫合格证等国家法律法规规定申请人必须具备的资质证明文件复印件。

(3)《无公害农产品内检员证书》复印件。

(4)无公害农产品生产质量控制措施(内容包括组织管理、投入品管理、卫生防疫、产品检测、产地保护等)。

(5)最近生产周期农业投入品(农药、兽药、渔药等)使用记录复印件。

(6)《产地环境检验报告》及《产地环境现状评价报告》或《产地环境调查报告》。

(7)《产品检验报告》原件或复印件加盖检测机构印章。

(8)《无公害农产品认证现场检查报告》原件(由负责现场检查的工作机构出具)。

(9)其他要求提交的有关材料。农民专业合作经济组织及"公司+农户"形式申报的需要提供与合作农户签署的含有产品质量安全管理措施的合作协议和农户名册,包括农户名单、地址、种植或养殖规模、品种等。

获证时限:如果申报材料完整规范,产地、产品检测合格,现场检查符合要求,最快约4个月时间可以拿到产地认定证书和产品认证证书。

什么是无公害农产品复查换证?

无公害农产品认证证书有效期是三年,复查换证是指已获得无公害农产品认证证书的申请人在证书有效期满的前三个月,按照规定时限和要求提出重新取证申请,经确认合格准予换发新的无公害农产品认证证书的过程。

不使用农药生产出来的农产品就是无公害农产品吗?

无公害农产品是指产地环境、生产过程和产品质量都符合无公害农产品标准的农产品,不仅仅指不使用农药。不使用农药只代表农药残留可能合格,而产地环境也对农产品至关重要。例如某种蔬菜的产地富含重金属铅,那么该蔬菜的铅含量就很可能偏高,超过安全限量,长期食用对人体造成危害。所以不使用任何农药生产出的农产品不一定是无公害农产品。

无公害农产品防伪标识有哪几种?如何鉴别?

无公害农产品防伪标识有:纸质刮开式标识、锁扣刮开式标识、捆扎带标识、纸质揭开式标识、塑质揭开式标识。

鉴别方式如下:

（1）短信查询。中国移动、中国联通、中国电信用户，可将16位防伪数码以短信形式从左至右依次输入手机，发送至1066958878，即可得到查询结果。

（2）互联网查询。点击中国农产品质量安全网（网址：www.aqsc.org）的"防伪查询"栏目，在防伪码填写框内输入16位防伪数码，即可得到查询结果。

190 什么情况下将取消无公害农产品的认证证书？

根据《无公害农产品管理办法》第三十六条规定，获得无公害农产品产地认定证书的单位有下列情形之一的，由省级农业行政主管部门予以警告，并责令限期改正；逾期未改正的，撤销其无公害农产品产地认定证书：

（1）无公害农产品产地被污染或者产地环境达不到标准要求的。

（2）无公害农产品产地使用的农业投入品不符合无公害农产品相关标准要求的。

（3）擅自扩大无公害农产品产地范围的。

同时，第三十八条规定，获得无公害农产品认证并加贴标志的产品，经检查、检测、鉴定，不符合无公害农产品质量标准要求的，由县级以上农业行政主管部门或者各地质量监督检验检疫部门责令停止使用无公害农产品标志，由认证机构暂停或者撤销认证证书。

191 什么是绿色食品？

绿色食品是指产自优良生态环境、按照绿色食品标准生产、实行全程质量控制并获得绿色食品标志使用权的安全、优质食用农产品及相关产品。

192 绿色食品标志图形的含义是什么？

绿色食品标志（图2）由三部分构成，即上方的太阳、下方的叶片和蓓蕾。标志图形为正圆形，意为保护、安全。整个图形表达明媚阳光下的和谐生机，提醒人们保护环境创造自然界新的和谐。

图2 绿色食品标志

193 绿色食品应具备哪些条件？

（1）必须出自优良生态环境，即产地经监测，其土壤、大气、水质符合NY/T 391—2013《绿色食品 产地环境质量》要求。

（2）生产过程必须严格执行绿色食品生产技术标准。

（3）产品必须经绿色食品定点监测机构检验，其感官、理化（重金属、农药残留、兽药残留等）和微生物学指标符合绿色食品产品标准。

(4)产品包装必须符合NY/T 658—2015《绿色食品 包装通用准则》要求,并按相关规定在包装上使用绿色食品标志。

194 绿色食品产地环境质量标准包括哪些内容?

《绿色食品 产地环境质量》为绿色食品产地环境的选择和持续利用发挥了重要的指导作用。绿色食品产地环境质量标准遵循自然规律和生态学原理,强调以农业经济系统和自然生态系统的有机循环为基础,以生态环境、人体健康为基准,依据国内外各类环境标准,结合绿色食品生产实际情况,规定了绿色食品产地的环境空气质量要求,水质要求(包括农田灌溉水、渔业水、畜禽养殖用水、加工用水、食用原料水),土壤要求(包括土壤环境质量、土壤肥力、食用菌栽培基质)等方面内容。

195 申报绿色食品如何进行环境监测评价?

绿色食品产地环境质量监测评价由中国绿色食品发展中心委托的具有相应资质处于第三方公证地位的定点环境监测机构、按照农业部颁布的《绿色食品 产地环境质量》和《绿色食品 产地环境调查、监测与评价规范》执行完成,程序包括现场调查、优化布点、样品采集、运送保存、分析测试、数据处理、综合评价等系列过程。具体操作流程如下:

(1)根据监测目的地进行现场调查研究。主要包括水文、地质、地貌、土壤肥力、气候条件等自然环境资料;工业"三废"污染,外部污染源及农用化学物质使用情况;初级产品病虫害防治技术及公害控制情况;土壤类型、背景值、农药残留等资料;环境监测历史资料;农业生产基本情况等。

(2)根据现场调查和监测范围,按有关规定确定采样点的数目和具体位置,并采集样品及时将样品和记录送往实验室进行分析。

(3)将监测数据结果结合现场调查资料进行综合评价,出具综合报告。

196 绿色食品标准中对土壤有什么要求?

土地是植物的基体。土壤受到重金属、农药残留等污染物的污染后,就会影响植物的生长,影响农作物的产量和质量,通过食物链危害人类的身体健康。绿色食品生产对土地有更加严格的要求。

(1)选择位于土壤元素背景值正常区域的产地,产地及产地周围不应有金属或非金属矿山。

(2)选择生态环境较好,未受到工业、农业、生活、交通等污染的产地。工业污染主要指工业"三废",农业污染主要指化肥、农药等化学投入品,生活污染主要指生活废水和垃圾,交通污染主要为汽车排放物。

(3) 选择土壤有机质含量较高的地区。

(4) 通过科学监测评价,镉、汞、砷、铅、铬、铜等6种污染物的指标都达到要求,方可作为绿色食品产地开展生产。

197 种植绿色食品农作物要用什么样的水进行灌溉?

《绿色食品 产地环境质量》对于农田灌溉水主要规定了pH值、总汞、总镉、总砷、总铅、六价铬、氟化物、化学需氧量、石油类、大肠杆菌等污染物的指标要求。灌溉水受污染后,污染物通过灌溉在土壤中积累,然后通过根系吸收入农作物体内,可对农作物产生直接影响,使作物减产,品质降低,还会危及人体健康。因此绿色食品农作物生产基地要选择在地表水、地下水水质清洁无污染的地区,要远离对水造成污染的工厂矿山,最好位于地表水、地下水上游。对于某些因地质形成原因而致使水中有害物质如氟超标的地区,也要避开。

198 种植绿色食品农作物对空气质量有什么要求?

要求产地空气质量优良,产地周围5千米内或上风向20千米内有工业废气排放,需要对空气质量进行监测,不得污染农作物;《绿色食品 产地环境质量》选取了对农业生产影响较大的总悬浮颗粒物、二氧化硫、二氧化氮、氟化物等四种污染物作为空气检测因子。

199 为什么生产绿色食品首先要遵守绿色食品产地环境质量标准?

绿色食品包括初级农产品、初加工产品和深加工产品。初级农产品和加工产品的原料都是由农业生产获得的。农业生产需要在适宜的环境条件下进行,如果动、植物生活和生长的环境受到污染,就会直接对动、植物的生长造成影响,通过水体、土壤和大气等介质转移或残留于动、植物体内,进而造成食物污染,最终危害人类。因此生产绿色食品必须首先要按照《绿色食品 产地环境质量》要求合理选择绿色食品产地,为绿色食品产品质量提供最基础的保障条件。

200 绿色食品产品包装上的企业信息码的含义是什么?

绿色食品企业信息码一般由GF加12位阿拉伯数字构成,比如:GF420506120650,其中GF为绿色食品英文GREEN FOOD的缩写,12位数字的前六位数字420506为地区编码、七八位数字12代表获证年份、后四位数字0650为企业序号。

201 绿色食品标志在产品包装上通常如何使用?

绿色食品企业要按照《中国绿色食品商标标志设计使用规范手册》的要求,在产品包装物上印制绿色食品的标志图形、中英文字体和企业信息码,并标示经中国绿色食品发展中心许可使用绿色食品标志。

绿色食品标志使用权是终身制吗?

绿色食品认证有效期为三年,三年期满后可申请续展,通过认证审核后方可继续使用绿色食品标志。在有效期内,对产品抽检不合格及违规用标的取消其标志使用权,并给予公告。

在市场上如何购买绿色食品?

在市场上购买识别绿色食品,首先看产品包装上是否有"三位一体"的标识,即在产品外包装上是否同时具备"绿色食品标志图形"、"绿色食品"四个字和"企业信息码";其次可进一步查验是否具有绿色食品标志许可使用证书;再者可以通过中国绿色食品发展中心网站(网址:http://www.greenfood.org.cn)查询该产品是否在已通过绿色食品认证的产品名录内;最后,还可以直接向中国绿色食品发展中心查询。

生产绿色食品应遵循什么样的原则?

生产和发展绿色食品都应遵守可持续发展原则。"可持续发展"是指既满足当代人的各种需要,又保护生态环境,不对后代人的生存和发展构成危害的发展方式,它特别关注的是遵循自然规律和生态合理性。具体要求:绿色食品生产产地应选择在洁净的环境中;生产过程(包括农业种植、畜牧养殖、水产养殖、食品加工等过程)不能加入有毒有害物质,且生产时期副产品和衍生物又要保证其副产物(如废料、废水等)不对环境造成污染;产品要达到绿色食品标准;包装物必须是无毒无害可回收或易降解的,包装和贮藏运输过程要符合要求。

绿色食品内在的质量特征是什么?

绿色食品内在质量特征为"无污染的安全、优质、营养类食品"。"无污染"指除食品固有物理、化学和生物学特性外,没有能引起食用危害的物理、化学和生物学因素。"安全性"是绿色食品的基本特性,"优质和营养"是绿色食品的重要质量特征,即绿色食品应具有优良的感官、品质质量和较高的营养价值。

绿色食品标准与普通的食品标准有什么不同?

绿色食品标准与普通食品标准的不同主要体现在以下两方面:首先在标准属性方面,绿色食品标准不是针对某一产品的单一标准,而是由一系列标准构成的标准体系。其次在标准技术内容方面,普通食品标准的技术指标要求一般只包括产品的质量等级要求、感官和理化要求,而没有具体的安全卫生指标要求。例如国家标准GB1353—2018《玉米》规定了玉米的质量要求和卫生要求:质量要求规定了水分、杂质、不完善粒等指标;卫生要求则是按照国家粮食卫生标准和饲料卫生标准的规定执行。而绿色食品标准NY/T 418—2014《绿色食品 玉米及玉米粉》中:对于玉米规定的技术指标包括产地环境要求、产品感官要求、理化要求以及卫生要求等;对于玉米加工产品,规定的技术指标则除上述产品的要求外,还包括产品原料的产地环境和质量要求以及加工环境的要求等方面。

207 绿色食品产品涵盖哪些类别?

绿色食品产品涵盖《商标注册用商品和服务国际分类》中的1、2、3、5、29、30、31、32、33等九大类。除药品、香烟和中国绿色食品发展中心暂不受理的产品外,凡是能食用的产品都可以申请使用绿色食品标志。具体说,就是种植业生产的粮食、蔬菜、水果等,畜牧业生产的肉、蛋、奶等,水产业生产的鱼、虾、蟹、贝等;食品加工业生产的油、饮料、罐头、肉制品、酒等产品。

208 绿色食品产品标准中对检验结果如何进行判定?

在《绿色食品 产品检验规则》中对检验结果判定有明确规定:

(1)检测结果全部合格时则该批产品合格。

(2)产品包装、标志、标签、净含量、理化指标等项目有2项(含2项)以上不合格时则判该批产品不合格,如有一项不符合要求,可重新加倍取样复验,以复验结果为准。

(3)任何1项卫生(安全)或微生物学(生物学)指标不合格时则判该批产品不合格。

(4)当绿色食品有关产品标准中的安全卫生指标相应的国家限量标准被修订时,新的国家限量标准严于现行标准时,则按国家限量标准执行;现行绿色食品标准严于或等同于新的国家限量标准则仍按现行绿色食品标准执行。

(5)检验机构在检验报告中对每个项目均要做出"合格"、"不合格"或"符合"、"不符合"的单项判定;对被检产品应依据检验标准进行综合判定。

209 野生食品、天然食品是不是绿色食品,为什么?

对于野生食品、天然食品,如果没有经中国绿色食品发展中心认证,没有被许可使用绿色食品标志就不能称之为绿色食品。因为野生的、天然的食品不等于是安全的,有些甚至是有毒的,对身体健康是有害的。例如,某种野生蔬菜的产地富含重金属铅,那么该野生蔬菜的铅含量就很有可能超过安全限量要求,长期食用就会对人体健康造成危害。同时,有些天然食品本身就含有毒素,不经检测是很难发现的。

210 绿色食品能使用转基因技术吗?

绿色食品禁止使用转基因技术,主要基于两点考虑:

(1)转基因食品的潜在安全性问题目前还存在较多争议,绿色食品要保证绝对优质安全的属性。

(2)绿色食品禁止用转基因技术,并不是绿色食品排斥其他的新技术、新工艺,绿色食品提倡技术改进、技术创新。绿色食品本身就是我国优秀传统农艺与现代新技术有机结合的产物。

211 绿色食品对贮藏有什么要求?

(1)对环境和设施的要求。不能使用对食品产生污染或潜在污染的建筑材料与物品,贮藏设施应具有防虫、防鼠、防鸟的功能,周围环境应清洁和卫生,并远离污染源。设施及其四周要定期打扫和消毒,防止污染。

(2)对存放的要求。堆放应按绿色食品的种类要求选择相应的贮藏设施存放整齐,保证绿色食品的质量不受影响;不能与非绿色食品或有毒、有害、有异味、易污染物品混放或同库存放。保质处理应优先采用紫外光消毒等物理与机械的方法和措施。

(3)对卫生的要求。管理和工作人员必须遵守卫生操作规定,所有设备在工作和使用前均要进行灭菌,防止污染。仓库管理必须优先采用物理与机械的方法和措施,采用干燥、低温、密闭与通风、缺氧(充二氧化碳或氮气)、紫外光消毒等物理或机械方法。

212 绿色食品对运输有什么要求?

要求应根据绿色食品的类型、特性、运输季节、距离以及产品保质贮藏的要求选择不同的运输工具;运输应专车专用,运输工具(包括车辆、轮船、飞机等)在装入绿色食品之前必须清洗干净,必要时进行灭菌消毒,防止害虫感染;运输工具的铺垫物、遮盖物等应清洁、无毒、无害。

在运输过程中应采取控温措施,定期检查车(船、箱)内温度以满足保持绿色食品品质所需的适宜温度。不同种类的绿色食品运输时应严格分开,性质相反和互相串味的食品不能混装在一个车(箱)中。不应与化肥、农药等化学物品及其他任何有害、有毒、有气味的物品一起运输;装运前应进行食品质量检查,在食品、标签与单据三者相符合的情况下才能装运。应有完整的档案记录,并保留相应的单据。

213 绿色食品生产中对肥料使用有什么要求？

生产绿色食品所使用的肥料应对环境无不良影响，有利于保护生态环境，能够保持或提高土壤肥力及土壤生物活性，以农家肥料、有机肥料、微生物肥料为主，化学肥料为辅，在保障植物营养有效供给的基础上要减少化肥用量，兼顾元素之间的比例平衡，无机氮素用量不得高于当季作物需求量的一半。

214 绿色食品种植过程中是不是不允许使用任何农药？

很多人都认为绿色食品生产过程中完全不使用农药，这是一个误区。绿色食品的生产过程以遵循自然规律和生态学原理为基础，协调种植业和养殖业的平衡，允许限量使用限定的化学合成农药，但对生产和仓储中有害生物的防治、农药的选择、农药的使用规范和农药的残留都有严格的要求。

215 绿色食品农药使用准则中规定的农药使用的原则是什么？

绿色食品农药使用原则应以保持和优化农业生态系统为基础，建立有利于各类天敌繁衍和不利于病虫草害滋生的环境条件，提高生物多样性，维持农业生态系统的平衡。要优先采用农业措施，尽量利用灯光、色彩诱杀、释放天敌等物理和生物措施，在必要时，合理使用对主要防治对象有效的低风险农药品种，但提倡兼治和不同作用机理农药交替使用。对允许使用的农药要按照 NY/T 393—2013《绿色食品 农药使用准则》标准和规定，严格控制施药剂量（或浓度）、施药次数、安全间隔期和残留量，以确保不会对人体和环境造成危害。

216 绿色食品标准中农药安全间隔期的含义是什么？

农药最后一次施用的时间到收获日期相隔的天数，保证收获农作物产品的农药残留量不会超过国家规定的允许标准，这段时间叫安全间隔期或安全等待期。农药在农作物中的残留量与农药品种、剂型、浓度和施用量有关，气候条件也是一个重要因素，时间的长短则是一个决定性因素。一般来说，时间越短，农药降解越少，残留量越高；反之，时间越长，残留越低。农药安全间隔期对于农产品的安全性有着直接的关系。

217 绿色食品生产中是否允许使用植物生长调节剂？

《绿色食品 农药使用准则》规定绿色食品生产可以使用植物生长调节剂，但对植物生长调节剂的种类做了明确界定，目前只允许使用以下七种：2,4-D（只允许作为植物生长调节剂使用）、矮壮素、多效唑、氯吡脲、萘乙酸、噻苯隆、烯效唑。

 **218　绿色食品标准中对消毒剂的使用有何规定？**

消毒剂在绿色食品畜禽、水产品生产和食品加工中使用,除必须按照国家有关规定合理使用外,还特殊规定禁止使用酚类消毒剂,蛋鸡生产中在产蛋期不得使用醛类消毒剂。使用的消毒剂应建立并保存消毒记录,包括消毒剂的种类、批号、生产单位、剂量、消毒方式、消毒频率或时间等信息。

 **219　绿色食品标准中对疫苗的使用有何规定？**

《绿色食品　兽药使用准则》标准规定要按照国家规定实施动物计划免疫,并使用法定的疫苗。特别强调在畜禽养殖过程中要建立保存动物的免疫程序记录,包括疫苗种类、使用方法、剂量、批号、生产单位等信息。

 **220　绿色食品标准中重视动物福利的意义是什么？如何体现对动物福利的重视？**

动物福利的理念,国外已经提出20余年了,但对我们不少人来说,仍会感到新鲜。动物福利的概念,一般认为,动物的生活质量要与动物康乐相对应,使动物的身体及心理与环境相协调。通俗地说就是:"善待活着的动物,减少死亡的痛苦。"实践启示人们,只有改善动物的生存条件,减少动物死亡的痛苦,才能提高养殖产品的品质。研究表明:在动物屠宰过程中,由于身体应激反应,可能会分泌很多激素,如肾上腺素等,这些应激激素导致动物被屠宰以后的产品里可能会含有对人的健康有害的成分。而被高压电电击的畜禽,瞬间无痛苦死亡,没有应激反应,不会产生毒素,能保持肌肉组织完好,肉也不会因为紧张而变得僵硬。另外现在越来越多的国家已经开始将动物福利与国际贸易紧密挂钩,动物福利潜在的贸易壁垒作用已初露端倪。我国是个畜牧大国,畜产品却很少达到出口标准,原因之一就是屠宰方式落后。因此,我们应当及时更新观念,重视动物福利,这是我国的动物产品走向国际市场的必然选择。

绿色食品标准充分考虑了动物福利问题,规定要供给动物充足的营养,提供良好的饲养环境,加强饲养管理,善待动物,采取各种措施尽量保证动物福利,减少其应激反应。从饲养场所的环境、喂养的饲料、防疫治病使用的药物等方面充分体现动物福利的要求。

 **221　绿色食品畜禽养殖中的卫生防疫问题怎么解决？**

(1)养殖环境要符合绿色食品环境质量要求,空气、畜禽饮用水都要经过监测合格,以减少畜禽患病概率。

（2）要按国家有关规定实施动物计划免疫和消毒，并使用法定的疫苗等生物制品及消毒剂。

（3）要严格遵照《动物防疫法》进行疫病监测和实施控制方案，特别是制定符合当地实际情况的应对重大疫病的应急预案。

（4）使用的兽药、饲料、饲料添加剂要严格遵守绿色食品使用准则。

（5）畜禽养殖场所的卫生要求，要按照绿色食品动物卫生准则执行。

222 绿色食品标准中是否允许使用化学合成的食品添加剂？

根据 NY/T 392—2013《绿色食品 食品添加剂使用准则》：

（1）绿色食品优先使用天然食品添加剂。在这类食品添加剂不能满足生产需要的情况下，可限量限品种使用化学合成的食品添加剂。

（2）在任何情况下，绿色食品不应使用下列食品添加剂（表1）。

表1　生产绿色食品不应使用的食品添加剂

食品添加剂功能类别	食品添加剂名称（中国编码系统 CNS 号）
酸度调节剂	富马酸一钠（01.311）
抗结剂	亚铁氰化钾（02.001）、亚铁氰化钠（02.008）
抗氧化剂	硫代二丙酸二月桂酯（04.012）、己雷琐辛（04.013）
漂白剂	硫黄（05.007）
膨松剂	硫酸铝钾（又名钾明矾）（06.004）、硫酸铝铵（又名铵明矾）（06.005）
着色剂	新红及其铝色淀（08.004）、二氧化钛（08.011）、赤藓红及其铝色淀（08.003）、焦糖色（亚硫酸铵法）（08.109）、焦糖色（加氨生产）（08.110）
护色剂	硝酸钠（09.001）、亚硝酸钠（09.002）、硝酸钾（09.003）、亚硝酸钾（09.004）
乳化剂	山梨醇酐单月桂酸酯（又名司盘20）（10.024）、山梨醇酐单棕榈酸酯（又名司盘40）（10.008）、山梨醇酐单油酸酯（又名司盘80）（10.005）、聚氧乙烯山梨醇酐单月桂酸酯（又名吐温20）（10.025）、聚氧乙烯山梨醇酐单棕榈酸酯（又名吐温40）（10.026）、聚氧乙烯山梨醇酐单油酸酯（又名吐温80）（10.016）
防腐剂	苯甲酸（17.001）、苯甲酸钠（17.002）、乙氧基喹（17.010）、仲丁胺（17.011）、桂醛（17.012）、噻苯达唑（17.018）、乙萘酚（17.021）、联苯醚（又名二苯醚）（17.022）、2-苯基酚钠盐（17.023）、4-苯基苯酚（17.024）、2,4-二氯苯氧乙酸（17.027）
甜味剂	糖精钠（19.001）、环己基氨基磺酸钠（又名甜蜜素）及环己基氨基磺酸钙（19.002）、L-α-天冬氨酰-N-(2,2,4,4-四甲基-3-硫化三亚甲基)-D-丙氨酰胺（又名阿力甜）（19.013）
增稠剂	海萝胶（20.040）
胶基糖果中基础剂物质	胶基糖果中基础剂物质

注：对多功能的食品添加剂，表中的功能类别为其主要功能。

223 绿色食品使用添加剂的基本要求和可使用情况有哪些?

食品添加剂使用时应符合以下基本要求:

(1)不应对人体产生任何健康危害。

(2)不应掩盖食品腐败变质。

(3)不应掩盖食品本身或加工过程中的质量缺陷或以掺杂、掺假、伪造为目的而使用食品添加剂。

(4)不应降低食品本身的营养价值。

(5)在达到预期的效果下尽可能降低在食品中的使用量。

(6)不采用基因工程获得的产物。

可使用食品添加剂的情况有:

(1)保持或提高食品本身的营养价值。

(2)作为某些特殊膳食用食品的必要配料或成分。

(3)提高食品的质量和稳定性,改进其感官特性。

(4)便于食品的生产、加工、包装、运输或者贮藏。

224 绿色食品水产养殖使用渔药应遵循什么原则?

(1)水产品生产环境质量应符合《绿色食品 产地环境质量》的要求。生产者应按农业部《水产养殖质量安全管理规定》实施健康养殖,科学合理确定养殖密度,采用生态养殖、生物防治等措施,提高养殖品种的自身抗逆能力,减少疾病的发生。

(2)按《中华人民共和国动物防疫法》的规定,加强水产养殖动物疾病的预防,在养殖生产过程中尽量不用或者少用药物。确实需要使用渔药时,应选择高效、低毒、低残留的渔药,应保证水资源和相关生物不遭受损害,保护生物循环和生物多样性,保障生产水域质量稳定。水产动物病害控制过程应在水生动物类执业兽医指导下用药。停药期应满足中华人民共和国农业部2003年第278号公告规定、《中国兽药典兽药使用指南化学药品卷》(2010版)的规定。

225 绿色食品水产养殖可以用哪些渔药?

绿色食品水产养殖过程中,应优先选择使用自然降解较快、高效低毒、低残留的渔药,以保证生产地域环境质量稳定、水资源和相关生物不受损害,保护生物多样性并建立严格的生物安全体系。同时应建立并保持水产养殖动物的预防和治疗记录,包括发病时间、发病症状、发病率、死亡率、治疗时间、药物名称、用法用量等内容。

绿色食品水产养殖所用的药物要选择《绿色食品 渔药使用准则》中规定的产品,并严格按照《绿色食品 渔药使用准则》的规定使用。不应使用药物饲料添加剂,基因工程技术所产渔药,促进生长的抗菌药物、激素或其他生长促进剂等。

绿色食品重点监控哪些环节?

绿色食品在生产、管理上强调"从土地到餐桌"的全程质量控制理念。因此在标准体系构架上设置了绿色食品产地环境标准,绿色食品生产技术标准,绿色食品产品标准和绿色食品包装、运输、贮藏标准四部分,对绿色食品生产的产前、产中和产后环节都制定了相应的标准要求,展开重点监控。

如何申报绿色食品?要多长时间?

符合绿色食品相关要求的申请人经过所在地县级绿色食品工作机构向省级机构提出使用绿色食品标志的申请,通过省级绿色食品工作机构、定点环境监测机构、定点产品监测机构、中国绿色食品发展中心的文审、现场检查、环境监测、产品检测、标志许可审查、专家评审、颁证完成申报工作。

获证时限:如果申报材料完整规范,产地、产品检测合格,现场检查符合要求,约6个月时间可以拿到绿色食品证书。

什么情况下将取消绿色食品的认证证书?

根据《绿色食品标志管理办法》第二十六条规定,绿色食品标志使用人有下列情形之一,由中国绿色食品发展中心取消其标志使用权,收回标志使用证书,并予公告。具体情形如下:

(1)生产环境不符合绿色食品环境质量标准的。
(2)产品质量不符合绿色食品产品质量标准的。
(3)年度检查不合格的。
(4)未遵守标志使用合同约定的。
(5)违反规定使用标志和证书的。
(6)以欺骗、贿赂等不正当手段取得标志使用权的。

标志使用人依照以上规定被取消标志使用权的,三年内中国绿色食品发展中心不再受理其申请;情节严重的,永久不再受理。

什么叫绿色食品企业年检?主要检查什么?

绿色食品企业年检是指绿色食品工作机构对辖区内获得绿色食品标志使用权的企业在一个标志使用年度内的绿色食品生产经营活动、产品质量及标志使用行为实施的监督、检查、考核、评定等。年检主要对企业的生产和加工基地环境状况、生产操作规程和标准技术执行情况、生产经营、投入品使用、原料采购等档案记录及标志使用和标志合同履约情况进行检查。

绿色食品续展要怎么做？

绿色食品企业在绿色食品标志使用许可期满前,按规定时限和要求完成申请、标志许可审查和颁证工作,并被许可继续在其产品上使用绿色食品标志。续展时,申请人要提供申请人资质、申请产品产地环境质量、原料来源、生产过程、产品质量等材料。具体程序如下:

(1)标志使用人应当在证书有效期满三个月前通过所在地县级绿色食品工作机构向省级机构提出续展申请,完成网上在线申报并提交续展申请材料。

(2)省级工作机构收到续展申请材料后,完成材料审查,并组织现场检查和续展初审。

(3)通过初审的,省级工作机构将续展申请材料报送农业部中国绿色食品发展中心,同时完成网上报送。

(4)中国绿色食品发展中心对省级工作机构报送的续展申请材料完成书面审查,通过的做出颁证决定。

什么是有机农产品？

有机农产品是指来自有机农业生产体系,根据有机农业生产要求和相应标准生产加工,并且通过合法的、独立的有机认证机构认证的农副产品及其加工品。有机农产品在生产和加工过程中必须严格遵循有机生产、采集、加工、包装、贮藏、运输标准,禁止使用化学合成的农药、肥料、激素、抗生素、食品添加剂等,禁止使用基因工程技术及该技术的产物及其衍生物。

有机农业就是传统农业吗？

有机农业是人们在当今新的认识和理解的基础上对自然所形成的一种新型农业生产方式。有机农业虽然不允许使用化学合成的农药、肥料、生长调节剂和饲料添加剂以及转基因技术等,但绝不是退回到刀耕火种的生产方式。有机农业仅排斥对生态系统和自然环境有不良影响的生产技术和物质,现代农业中的设施栽培,微、滴灌技术,有害生物综合治理技术等仍提倡使用,以达到在保障食品安全和保护环境的同时还能提高产品品质与产量的目的。

有机认证有哪些机构？农业部门有哪个机构可以开展有机认证？

按照相关规定,须经国家认监委批准的机构才有资格开展有机产品认证。截至2017年7月,经批准可以开展有机产品认证的机构有48家(最新情况可通过

food.cnca.cn 网站查询）。农业部门的有机认证机构为北京中绿华夏有机食品认证中心，隶属中国绿色食品发展中心。

234 中国有机产品标志及中绿华夏有机食品标志含义是什么？

中国有机产品标志（图3）主要由三部分组成，外围的圆形、中间的种子图形及其周围的环形线条。标志外围的圆形形似地球，象征和谐、安全，圆形中的"中国有机产品"字样为中英文结合方式。既表示中国有机产品与世界同行，也有利于国内外消费者识别。标志中间类似于种子的图形代表生命萌发之际的勃勃生机，象征了有机产品是从种子开始的全过程认证，同时昭示出有机产品就如同刚刚萌发的种子，正在中国大地上茁壮成长。种子图形周围圆润自如的线条象征环形道路，与种子图形合并构成汉字"中"，体现出有机产品植根中国，有机之路越走越宽广。同时，处于平面的环形又是英文字母"C"的变体，种子形状也是"O"的变形，意为"China Organic"。绿色代表环保、健康，表示有机产品给人类的生态环境带来完美与协调。橘红色代表旺盛的生命力，表示有机产品对可持续发展的作用。

图3 中国有机产品标志

图4 中绿华夏有机食品标志

中绿华夏有机食品标志（图4）采用人手和叶片为创意元素。我们可以感觉到两种景象：其一是一只手向上持着一片绿叶，寓意人类对自然和生命的渴望；其二是两只手一上一下握在一起，将绿叶拟人化为自然的手，寓意人类的生存离不开大自然的呵护，人与自然需要和谐友好的生存关系。有机食品概念的提出正是这种理念的实际应用。人类的食物从自然中获取，人类的活动应尊重自然的规律，这样才能创造一个良好的可持续的发展空间。

235 在中绿华夏如何申报有机产品？要多长时间？

需要由有机产品生产或加工企业向中绿华夏有机产品认证机构提出申请，按规定将申请认证的文件，包括有机生产加工基本情况、质量手册、操作规程和操作记录等提交给认证机构进行文件审核，评审合格后认证机构委派有机产品认证检查员进行生产基地（养殖场）或加工现场检查与审核并形成检查报告，认证机构根据检查报告和相关的支持性审核文件做出认证决定、颁发认证证书。获得认证后，认证机构还应进行后续的跟踪管理和市场抽查，以保证生产或加工企业持续符合《有机产品》国家标准和《有机产品认证实施规则》的规定要求。有机认证的时间根据产品生产情况确定。有机种植基地必须完成2～3年土壤转换期。土壤转换期是指基地的种植土地在转换期不产出，在转换期内是没有任何收入的，净投入。每年轮种，作物长成了就回旋入地，不断地改善土壤有机质含量，在此期间，还要大量地施用有机肥，绝对不能用化肥、农药、杀虫药。

有机农产品怎样保持认证？

有机农产品一年一认证，需要每年就有机农产品生产情况提供相关资料由第三方认证机构进行认证。

有机农产品应具备哪些条件？

有机农产品应具备两个条件，一是按有机产品标准生产、加工、销售的供人类消费、动物食用的产品，二是获得相关部门认证。

有机农产品对产地环境有怎样的要求？

有机生产基地应远离城区、工矿区、交通主干线、工业污染源、生活垃圾场等。基地的环境质量应符合以下要求：土壤环境质量符合 GB 15618—2018《土壤环境质量 农用地土壤污染风险管控标准》的规定、农田灌溉用水水质符合 GB 5084—2005《农田灌溉水质标准》的规定、环境空气质量符合 GB 3095—2012《环境空气质量标准》中二级标准的规定。

有机农产品对农业投入品有什么要求？

根据我国《有机产品》国家标准规定，有机产品在生产过程中不得使用任何化学合成的农药、肥料、兽药、渔药、生长调节剂、添加剂，以及基因工程生物及其产物。

有机农产品为什么价格相对较高？

有机农产品在生产过程中不使用化学合成的农药、化肥等投入品，产量较常规生产相比较低；同时，要把常规基地转变为有机基地，需要有2～3年的转换期，转换期间没有产出的同时，还要对基地进行有机肥投入等；加上有机农产品特殊的生产和质量管理方式等，生产有机农产品过程中的人力、物力成本相应都较高，因此有机农产品的售价应该都比普通产品价高。也可以理解为有机农产品的价格包含了产品生产和环境保护二者的成本。

有机农产品的生产、加工、销售如何保证真实、有效和可追溯？

为保证有机农产品的完整性，有机农产品生产、加工者应建立完善的追踪系统,保存能追溯实际生产全过程的详细记录(如地块图、农事活动记录、收获记录、加工记录、仓储记录、出入库记录、运输记录、销售记录等)以及可追踪的生产批号系统。

获得有机产品认证的生产、加工单位或者个人,从事有机农产品销售的单位或者个人,应当在生产、加工、包装、运输、贮藏和经营过程中,按照《有机产品》国家标准和《有机产品认证管理办法》的规定,建立完善的跟踪检查体系和生产、加工、销售记录档案。

242 有机农产品是绝对无污染食品吗?

世界上没有绝对不含有任何污染物质的食品。由于有机农产品的生产过程不使用化学合成物质,因此,有机食品中污染物质的含量一定要比普通食品低。

243 什么情况下将取消有机产品的认证证书?

根据《有机产品认证管理办法》第二十九条规定,有机产品有下列情形之一的,认证机构应当在30日内注销认证证书,并对外公布。具体情形如下:

(1)认证证书有效期届满,未申请延续使用的。
(2)获证产品不再生产的。
(3)获证产品的认证委托人申请注销的。
(4)其他需要注销认证证书的情形。

244 什么是农产品地理标志?

农产品地理标志是指标示农产品来源于特定地域,产品品质和相关特征主要取决于自然生态环境和历史人文因素,并以地域名称冠名的特有农产品标志。称谓由地理区域名称和农产品通用名称构成。地理标志中的农产品只指来源于农业的初级产品,即农业生产获得的植物、动物、微生物及其产品。

245 农产品地理标志图形的含义是什么?

农产品地理标志公共标识(图5)由中华人民共和国农业部中英文字样、农产品地理标志中英文字样、麦穗、地球、日月等元素构成。麦穗代表生命与农产品,橙色寓意成熟和丰收,绿色象征农业和环保。图案整体体现了农产品地理标志与地球、人类共存的内涵。

图5 农产品地理标志公共标识

246 哪些产品可以申请农产品地理标志登记？

农产品地理标志登记范围是来源于农业的初级产品，即在农业活动中获得的植物、动物、微生物及其产品。主要包括蔬菜、果品、粮食、食用菌、油料、糖料、茶及饮料植物、香料、药材、花卉、烟草、棉麻桑蚕、畜禽产品、水产品等。

247 农产品地理标志名称如何确定？

农产品地理标志名称由地理区域名称和农产品通用名称组合构成。如：宜昌蜜橘、秭归脐橙、清江椪柑。

248 企业和个人能否作为农产品地理标志登记申请人？

农产品地理标志是由特定地域内符合一定生产规范的生产者共同创造的，是这些生产者共有的知识产权，为防止这种权利被企业、个人独占，因此农产品地理标志登记不接受企业和个人的申请，只能由事业法人或社团法人单位申请。

249 农产品地理标志申请登记需要提交哪些材料？

申请人应通过县级绿色食品工作机构向省级工作机构提交以下材料：
(1)登记申请书。
(2)申请人资质证明。
(3)农产品地理标志产品品质鉴定报告。
(4)产品质量控制技术规范。
(5)地域范围确定性文件和生产地域分布图。
(6)产品人文历史相关资料。
(7)产品实物样品或者样品图片。
(8)其他必要的说明性或者证明性材料。

250 农产品地理标志登记应当符合哪些条件？

申请地理标志登记的农产品，应当符合下列条件：
(1)称谓由地理区域名称和农产品通用名称构成。
(2)产品有独特的品质特征或者特定的生产方式。
(3)有独特的自然生态环境和人文历史因素。
(4)产品有限定的生产区域范围。
(5)产地环境、产品质量符合国家强制性技术规范要求。

 **什么是农产品地理标志产品特定的生产方式？**

特定的生产方式是指影响登记产品品质特色形成和保持的主要生产方式，如产地环境、品种范围、生产控制、产后处理等相关特殊性要求。

 **什么是农产品地理标志独特的自然生态环境？**

独特的自然生态环境是指影响登记产品品质特色形成和保持的独特产地环境因子，如独特的光照、温湿度、降水、水质、地形地貌、土质等。

 **什么是农产品地理标志人文历史因素？**

人文历史因素包括登记产品形成的历史、人文推动因素、独特的文化底蕴等内容。

 **为什么农产品地理标志登记申请人需要政府授权？**

农产品地理标志是一种带有地域公共属性的知识产权，经营管理农产品地理标志的组织或机构必须最大程度地代表该地区符合质量控制技术规范的生产者；另外，同时还必须具有相关资质和能力，政府授权实际上是以政府公信力对登记申请人的代表性及其资质和能力的保证。

 **农产品地理标志使用人应具备什么条件？**

符合下列条件的单位和个人，可以向登记证书持有人申请使用农产品地理标志：
(1) 生产经营的农产品产自登记确定的地域范围。
(2) 已取得登记农产品相关的生产经营资质。
(3) 能够严格按照规定的质量技术控制规范组织开展生产经营活动。
(4) 具有地理标志农产品市场开发经营能力。

使用农产品地理标志，应当按照生产经营年度与登记证书持有人签订地理标志使用协议，在协议中载明使用的数量、范围及相关的责任义务。

 **农产品地理标志使用协议时限为几年？**

农产品地理标志使用协议期限为三年。协议期满，农产品地理标志登记证书持有人和标志使用人须按原程序重新签订协议。

 **农产品地理标志登记收取费用吗？**

农产品地理标志登记不收取费用。但在申请登记过程中要对产品品质进行检

测,检测工作由农业部指定的具有资质的第三方检测机构承担,费用根据相应的标准收取。

258 农产品地理标志登记申请人应具备哪些资质?

农产品地理标志登记申请人应当是由县级以上地方人民政府择优确定的社团法人或事业法人,并满足以下三个条件:

(1)具有监督和管理农产品地理标志及其产品的能力。
(2)具有为地理标志农产品生产、加工、营销提供指导服务的能力。
(3)具有独立承担民事责任的能力。

农产品地理标志所在地县级以上地方人民政府及所属农业行政主管部门负责对申请人的条件进行评定。评定内容包括:

(1)申请人是否具备符合条件的办公场所和相应的专业技术人员。
(2)申请人是否具有指导标志使用人进行生产、加工的质量控制技术规范和推进产销衔接的经营渠道。
(3)申请人是否持有合法的社团法人或者事业法人证书。

259 如何申请使用农产品地理标志?

符合《农产品地理标志管理办法》第十五条规定条件的,标志使用申请人可以向登记证书持有人提出标志使用申请,并提交下列材料:

(1)使用申请书。
(2)生产经营者资质证明。
(3)生产经营计划和相应质量控制措施。
(4)规范使用农产品地理标志书面承诺。
(5)其他必要的证明文件和材料(应包括产品质量安全检测报告或无公害农产品、绿色食品、有机产品认证证书)。

在签订的农产品地理标志使用协议中要载明标志使用数量、范围及相关责任义务。

260 农产品地理标志登记证书持有人与标志使用人是什么关系?

农产品地理标志登记证书持有人与标志使用人是契约管理关系,双方要签订标志使用协议。农产品地理标志登记证书持有人应当建立规范有效的标志使用管理制度,对农产品地理标志使用人实行动态管理、定期检查,并提供技术咨询与服务。农产品地理标志使用人应当建立农产品地理标志使用档案,如实记载地理标志使用情况,并接受登记证书持有人的监督。

**农产品地理标志使用人享有哪些权利？**

(1)可以在产品及其包装上使用农产品地理标志。

(2)可以使用登记的农产品地理标志进行宣传和参加展览、展示及展销。

**农产品地理标志使用人承担哪些义务？**

(1)自觉接受登记证书持有人的监督检查。

(2)保证地理标志农产品的品质和信誉。

(3)正确规范地使用农产品地理标志。

六、农产品质量安全检验检测技术

 **263** 农产品质量安全例行监测和监督抽查的区别？

例行监测的目的不是为了执法,主要是掌握农产品质量安全情况,以便更有针对性地进行监管和预警,并且将监测结果作为重点抽查的参考依据。

监督抽查是指为了有效指导和监管分散的农产品生产,防止不合格农产品流入市场,农业行政主管部门组织农产品检测机构,对生产和销售的农产品依据有关规定进行抽样、检验,并对抽查结果依法公告和处理的活动。主要目的是为了有针对性地查出和发现存在的问题,其客观真实的结果是行政执法和处罚的重要依据。

 **264** 农户和合作社生产的农产品可以请哪些单位进行检测？

农户和合作社生产的农产品可以到乡镇农产品质量安全监管站进行快速检测,也可以委托第三方检测机构检测(如县级食品检验检测中心或者具有双认证资质的社会检测机构)进行检测。

 **265** 哪些检测单位的检测报告具有法律效力？

具有双认证资质的食品(农产品)检验检测机构出具的检测报告具有法律效力。

 **266** 检测机构的"双认证"是什么意思？

省级质检机构考核与计量认证(如省质监局、省农业厅)合称为"双认证"。

 **267** 快速检测中哪些农产品容易出现假阳性？

葱、蒜、萝卜、韭菜、芹菜、香菜、茭白、蘑菇及番茄汁液中,含有对酶有影响的植物次生物质,容易产生假阳性。处理这类样品时,可采取整株(体)蔬菜浸提。对一些含叶绿素较高的蔬菜,也可采取整株(体)蔬菜浸提的方法,减少色素的干扰。

268 农药残留快速检测(速测卡法)应注意哪些事项?

(1)检测样品应多植株多点均匀取样,取样部位应为农药容易污染部,尽量剪碎,应小于1厘米见方,有明显色素浸出影响结果判断的样品(如茄子、韭菜等)可以稍大,称样量应准确为5克。

(2)在酶片上滴加的样品提取液,以预热10分钟后酶片上的液体不干,空白能正常显色且打开卡后,无明显液体流出为标准,2～3滴。

(3)农药残留快速检测卡对农药非常敏感,附近有农药喷洒或使用卫生杀虫剂,以及操作者手上或器具上沾有微量农药,都会造成对照与检测卡片变色出现误差。

(4)观察结果时应以红色药片与白色药片叠合发生反应3分钟为准,3分钟后蓝色逐渐会加深,24小时之后颜色会逐渐褪去。详细说明请参照国家标准GB/T 5009.199—2003《蔬菜中有机磷和氨基甲酸酯类农药残留量的快速检测》。

(5)当温度低于37℃,酶反应的速度随之放慢,药品加液后放置反应的时间应相对延长,延长时间的确定,应以空白对照卡用手指(体温)捏3分钟时间可以变蓝,即可往下操作(注:若检测量大,可配置恒温水箱或使用农药残留快速检测仪)。注意样品放置的时间应与空白对照卡放置的时间一致才有可比性。空白对照卡不变色的原因:一是药片表面缓冲液加得少,预反应后的药片表面不够湿润;二是温度太低,须进行适当保温。

269 卡片式快速检测与酶抑制率快速检测的区别?

卡片式快速检测是一种简单快捷的农残检测方式,只能作为有无有机磷和氨基甲酸酯这两类农药残留的定性判断,如果呈阳性的话需要做定量分析。

酶抑制率快速检测方式可以通过抑制率的高低来进行有机磷和氨基甲酸酯这两类农药残留的定性判断,如果酶抑制率高于50%时,表示蔬菜中有高剂量有机磷或氨基甲酸酯类农药存在。比卡片式检测要精确一些,但需要通过定量分析来确认具体农药品种和含量。

270 农产品质量检测依据是什么?

农产品质量检测项目是依据国家标准或行业标准来选定的,不同产品有不同的标准规定,例如柑橘茶叶产品检测项目有农药残留、污染物(重金属元素)、食品添加剂等;蔬菜水果农药多残留检测应用最广的标准依据是农业部行业标准NY/T 761—2008《蔬菜和水果中有机磷、有机氯、拟除虫菊酯和氨基甲酸酯类农药多残留的测定》,农药残留是否超标的判定依据是国家标准GB 2763—2016《食品安全国

家标准 食品中农药最大残留限量》。

国家对农产品中农药最大残留限量标准是什么？

一是由原国家卫计委、农业部、食药监总局于2016年发布的GB 2763—2016《食品安全国家标准 食品中农药最大残留限量》。二是农业部发布的有关规章，如农业部2002年第199号公告等。

七、生活小常识

272 萝卜、胡萝卜应如何选购？

萝卜（图6）：不论红皮、白皮，总体来说以个体匀称，外表光滑，色泽清新，坚实体重，水分饱满，脆嫩味好，无病虫伤害，无糠心、黑心和抽薹现象的为佳。带缨萝卜，缨要新鲜、洁净，无黄叶、烂叶等现象，如果萝卜表皮发暗、松弛，出现黑斑，触摸体软，说明已经不新鲜了。萝卜开裂、分叉、抽薹、糠心、体轻的质量差。

胡萝卜（图7）：较好而纯的胡萝卜品种，个头、形状、含水量在个体间差异不大，在质量鉴别时主要要求整修干净，不带泥土，无须根，皮光，色正，条顺，无烂顶，无水裂，无外伤，个头大小均匀，不发蔫；在口感上要求生吃脆嫩，熟食发绵，肉汁多且甜，心细小且色深，药味淡；另外，要求不糠不冻。

图6　萝卜

图7　胡萝卜

273 根用芥菜应如何选购？

根用芥菜（图8）主要是用作腌渍加工用的蔬菜，依据加工方法不同，亦有带缨与不带缨之分。专供做五香大头菜的带缨芥头原料要求不带黄缨，个大（每个重0.5千克以上），不带泥土，整修要干净，根身要肥胖平滑；供腌渍用的芥头要求整修干净，必须削净菜缨及两侧须根，不带水锈、水裂，大小要均匀，肉

图8　根用芥菜

质上无黄心、空心、木心、烂心等现象。

大白菜应如何选购？

成熟期不同,质量鉴别要求也有差异。早熟大白菜(图9)整修要干净,不过水,不带老帮和黄叶,根部不带泥土,不带疙瘩,不烧心,没虫咬,无蚜虫,棵的大小要均匀；中熟品种要求叶绿帮白或绿白,不带烂疙瘩(软腐病),不破肚,不受冻,包头,满心,每棵重1.5～2.0千克,其他要求同早熟品种；晚熟品种除要求叶绿帮白外,其他同上,一般棵头稍大(2.5～4.0千克)。凡有烂心病(软腐病)的大白菜,从外观看,颜色较一般菜要白,再视其疙瘩已有烂洞,用手捏白菜的腰部发软,严重者一捏就破。对鉴别大白菜是否有烧心病,从外表难识别,只有在切开后才能发现。

图9 大白菜

包菜(结球甘蓝)应如何选购？

早熟品种,整修干净,不带黄叶、烂叶,不带老帮,不裂球,不出薹,不带根,叶球要结实,大小要均匀,每棵重0.5～1.5千克。中熟品种和晚熟品种除每棵重量为1.5～2.0千克和3.0～3.5千克外,其他要求同早熟品种,但应强调没有虫眼和虫粪。对外地运进的包菜(结球甘蓝),可分别要求其个体大小,但一般要求不冻、不烂、没碎伤、碰伤(碰伤后球叶明显变色,商品价值降低)。

结球生菜(结球莴苣)应如何选购？

整修干净,不带老帮、黄叶、烂叶、抱心,不出薹,不破肚,每棵重200～300克,洗净,不带根和泥土。春秋季生产者要求不带蚜虫,无虫眼。

菠菜应如何选购？

要求整修干净,色正,不带黄叶、烂叶,不带根,不带泥土,不出薹,不带穗,没虫眼,无蚜虫及霜霉病斑。菠菜(图10)提倡捆小把,每把不超过0.5千克。

图 10 菠菜

278 芹菜应如何选购?

不带老梗、插帮、加帮、小黄叶、烂叶,洗净,不带泥土,棵的大小要整齐。春季白芹菜要求梗上青、下白;清芹菜(图11)要求不老,不空,不带水锈,不抽薹,要新鲜,不打蔫。要求捆方把,每把1～2千克或3～4千克。

图 11 芹菜

279 莴笋应如何选购?

整修干净,条顺,不弯,大小要整齐,基部削净不带毛根,顶部叶片不得超过6片,洗净不带泥土,不带黄叶和烂叶,不老,肉质茎不开裂,不抽薹;笋形要粗短,皮要薄,质要脆,水分大,表面不锈,笋条不蔫,不空心。(图12)

图 12 莴笋

 **芥蓝应如何选购?**

不带根,洗净,不带泥土,棵的大小要均匀,高 20.0～26.6 厘米,每把 0.5 千克左右;要求不老,顶端花蕾不开放,质要鲜嫩,无黄叶、烂叶、油叶,无虫咬等。(图 13)

图 13 芥蓝

 **花菜应如何选购?**

早熟种的花球所带叶片不得超过 6 片,不黄,不烂,色要鲜绿,不油叶,无虫咬。要求花球个体周正,大小均匀,花球坚实,呈乳白色,花粒细,不带片黄或发乌,不烂,无外伤,每个重 0.75 千克以上。对晚熟种除要求梗短,不带根外,每个重 1.25 千克以上。

 **紫菜薹应如何选购?**

整修干净,不带黄叶、烂叶,洗净不带泥土;薹高 23.3～33.3 厘米,捆内不得掺小棵,不弯,不老,不空心,不开花,无虫咬,无外伤,无蚜虫。要求颜色鲜艳,茎紫,叶片绿,花蕾黄,不油叶,不萎蔫,每捆 0.5～1.0 千克。(图 14)

图 14 紫菜薹

283 大葱应如何选购？

(1) 鸡腿葱。要求无分葱（两棵并生），无花皮（皮变黄），中间不夹叶子，无闷叶，无土，身长 33.3 厘米左右，无霉叶。

(2) 对叶葱。棵要均匀，无分葱，无花皮，中间不夹叶子，无闷叶，无土，无霉叶。

(3) 高脚白葱（图 15）。白长 33.3 厘米左右，棵粗，青葱叶短，不带黄叶，无泥土者为上品。

(4) 伏葱。茎白叶绿，身长 33.3 厘米左右，无斑点，无黄叶，无干尖，无泥土棵均匀者为上品。

(5) 露地小葱。身长 40.0～43.3 厘米，棵均匀，无泥土，叶无斑点，无包头，无黄叶，无黄尖，叶黑绿色者为上品。

图 15　大葱

284 洋葱应如何选购？

洋葱（图 16）葱头以鳞片肥厚，抱合紧密，不糠心，不抽芽，不着雨水（不发乌），不冻，不带土者为佳。

图 16　洋葱

韦菜应如何选购?

韭菜(图17)的食用部分为叶片及叶鞘,无论什么品种,以肥嫩者为佳,要根株匀净,不带泥土,叶上没有斑点,无烂叶,不夹散乱茸细的韭菜。

图17 韭菜

大蒜应如何选购?

紫皮蒜要蒜瓣不发黄,不着雨水,皮红而发亮,不空不冻,蒜瓣整齐,无伤害。白蒜(图18)要蒜瓣不油,不空不冻,不着雨水为佳。无论哪种大蒜,最好无碎瓣或分叉瓣(二次生长的蒜)。

图18 白蒜

茄子应如何选购?

好茄子(图19)为充分长开但不老,形状端正,无泥,不烂。无病虫危害,不裂果,表面光滑有光泽,色正,不锈,不蔫。果把要削齐,以免刺伤其他茄子。茄子鲜嫩且有一明显特征,即茄子花盖(花萼)的旁边有浅色的茄皮露出,俗称"拔簧"。

图19 茄子

288 番茄应如何选购?

番茄(图20)按色泽分有红色、粉红、橘黄色,市场多见红色。优质番茄的主要特征是,微扁圆形、圆球形,脐小,成熟度高,果肉厚,多汁,沙瓤,酸甜适口,心室小,果形完整,无裂口、无虫害。自然成熟的番茄味道好,营养价值高。自然成熟和催熟的番茄主要区别:自然成熟的,茄蒂周围仍有些绿色,手感较软,掰开看外皮是红的,长籽部分也是红的,籽粒是土黄色的,肉质红色,沙瓤,多汁等;催熟的遍体通红,手感很硬,外皮虽红但籽绿,瓤里汁少,肉质无沙,有的尚未长籽,肉瓤就已经红了,味道一定差。尖尖的西红柿或其他畸形的,很可能是使用生产激素浓度过量造成的,因此不宜购买,应尽量挑选果实圆正之品。

图20 番茄

289 辣椒应如何选购?

甜椒要求个大肉厚,有3～4个棱,直把;柿子椒肉薄,有6个棱,皮色正,把弯;线椒为紫红色,无花斑,不掉把。无论哪种辣椒都要求无病虫危害,无花斑(半红半青),个头长开,有较大空腔,用手捏之有弹力。至于辣味强弱依据品种特性而定。(图21)

图21 辣椒

 **290　菜豆应如何选购？**

以未受冻，未伤热，不老，无斑点，无隔豆，不过水，无水锈，颜色正的产品为好。菜豆（图22）怕冻、怕热。伤热的豆荚发白，易烂。冻了的豆荚发油，炒不烂，品质显著下降。

图22　菜豆

 **291　豇豆应如何选购？**

以色正，条匀，肉厚豆小，色不黄，无隔豆，无虫咬者为佳品。（图23）

图23　豇豆

 **292　蚕豆和豌豆应如何选购？**

蚕豆：以皮绿嫩，无黑皮，无黄皮，荚大，豆粒鲜嫩而饱满的最好。

豌豆：以个大，粒满，皮薄，无虫咬，无黄皮，无老豆，无隔豆为佳。对豌豆苗质量要求不带泥土，不带黄叶、烂叶、油叶，不带烂根，新鲜不老，心叶不开放，苗高16.7～23.3厘米。

 **293　黄瓜应如何选购？**

对各品种黄瓜（图24）总的质量要求是，个体大小要均匀，条直，顶花，带刺（指有刺种），瓜把短，无大肚，无瘦尖，色鲜绿，带白霜，不带黄梢，肉质要酥、脆，皮薄，

瓜瓤小。冬季无冻伤，除特殊品种外，凡瓜条过长者一般皆较老，皮厚，瓜瓤大，生食不脆嫩，鲜味也差。

图24　黄瓜

 冬瓜应如何选购？

瓜的大小要均匀，瓜形要周正，不带外伤，不带斑点，不软，不烂，不带地腾（指受热而引起的瓜瓤脱落，严重时内部腐烂）；带有13厘米左右的瓜把，带白霜（无瓜把及白霜的冬瓜不易保管）；要老熟，水分太大不受欢迎，且不易保管；肉质要松（做瓜条蜜饯者除外），肉厚，空腔小。（图25）

图25　冬瓜

 南瓜应如何选购？

个体大小要均匀，瓜形周正，不偏，不尖顶；瓜色要鲜艳，无伤痕、病伤及虫咬，也无病斑，不烂，瓜底无"地腾"（同冬瓜）；瓜要老熟（鲜嫩瓜上市除外），皮要坚硬，不发软，不带泥土；老熟南瓜上市时，要求肉质细密、水分少、色黄、肉厚、瓤小、既甜又绵。

 西葫芦应如何选购？

在"吃鲜"季上市的西葫芦，瓜不宜老，瓜皮也不能硬，瓜内种子很少或未形成；外观鲜艳，不烂，不软，无虫咬，没外伤，瓜形周正，不偏，不尖即为佳品，每个重0.5千

克左右。上市的老瓜要求充分老熟，外皮坚硬，耐贮，每个重1.5千克以上。

297 西瓜应如何选购？

鉴别西瓜（图26）质量，主要应从外观和敲击两方面进行，在外观上，瓜的体形要周正，不偏、不尖，两端平圆，外皮坚硬平滑，无小坑（即未受雹灾），无伤痕，无斑点，瓜蒂硬无刺毛，并微凹，此即为已成熟而无内伤的特征。瓜的纵棱小，无凹凸状，否则皮厚瓤小。把瓜放在手掌中，轻轻地拍两下，瓜发出"嘭嘭"声，托瓜的另一只手感到微有动静（俗称"过手"），一般为好瓜。如瓜软，击之出声"噗噗"，即为次瓜。如瓜托之较重，击之"噔噔"，为生瓜。如瓜皮颜色发乌，托之体较重，击之声"噗噗"，摇之有声，此瓜已不能食用。

图26 西瓜

298 甜瓜应如何选购？

鉴别甜瓜（图27）（指一般栽培的"香瓜"）质量大致可从外观与生熟程度两方面判断。从外观上要求瓜形周正，个体大小均匀，皮色明显而有光泽，不带泥，不烂，没压伤、碰伤，不带把。判断甜瓜生熟的直观方法有以下四点：

（1）闻。老熟后的甜瓜一般均由脐部发出一种香味，将甜瓜脐部对准鼻子闻一闻，从有无香味或香味浓淡即可大致判断生熟。

（2）弹。甜瓜成熟后，瓜膛较空，瓜瓤呈分裂状分附于瓜肉的周围，且肉质也较松软，用手指轻轻一弹，即发出"嘭嘭"声。另外，成熟的瓜重量也减轻，如瓜虽不大，托在手中却感较重，就是生瓜。

（3）捏。生甜瓜肉质坚硬，用手捏时既硬又死；熟甜瓜肉质酥脆，捏时较软。

（4）看。观察甜瓜皮色和瓜蒂是否自行脱落。成熟的甜瓜皮色有光泽，生甜瓜皮色则发乌。甜瓜成熟后其瓜蒂一触即自行脱落，在瓜的尾部呈浅而又光滑的小凹状,生瓜一般无此现象。

图 27 甜瓜

299 土豆应如何选购?

大小要整齐,每个重 100 克左右,不带泥土及毛根,不带碰伤,没干疤,无虫咬,没糙皮,没环腐病。前期无热伤,后期无冻伤,表皮不萎缩,后期不发芽。(图 28)

图 28 土豆

300 姜应如何选购?

要求整修干净,不带泥土、毛根,不烂顶,不蔫,不带碰伤,不冻,无热伤。受冻后,外皮脱落,发软,捏时流水;受热后,生白毛,皮色发红,易烂。大小要整齐,每块重 250 克左右。(图 29)

图 29 姜

 **山药应如何选购？**

要求整修干净，不带土及毛根，没镐伤，无疤痕，未受热，未受冻。粗细要均匀，紫皮山药长 40～60 厘米，径 3.3 厘米以上，每条重 500 克左右；白山药长 40～60 厘米，每条重 250 克左右；麻山药长 27 厘米以上，每条重 400 克以上。（图 30）

图 30　山药

 **茭白应如何选购？**

条长 50 厘米左右，叶鞘不得超过 3 片，不带根，不带菌包，质要鲜嫩，色要青绿。去掉叶鞘后每个 50～150 克，色要白嫩，不带黑点（如有黑点说明已老熟）。（图 31）

图 31　茭白

 **藕应如何选购？**

依品种不同，质量要求也有差异。对红花藕要求 3～4 节，条白，藕节肥大，每条长 1 米左右（每节长 26.6 厘米左右，每条重 1.5 千克以上）。整修干净，不带泥，不带叉，不带后把，无外伤，质鲜嫩，不烂，不蔫。（图 32）

图32 藕

 鲜黄花菜应如何选购？

对鲜黄花菜（图33）的质量要求是摘净，不带大把杂物，质要鲜嫩，不蔫，不干，其蕊不得开放，每个体长3.3～8.3厘米。鲜黄花最为娇嫩，应放在阴凉处保管，如阴湿的室内或冰中，每天须翻倒2～3次，并须用净冷水冲洗1次，严防风吹日晒，以免受热变质。保鲜时间一般为1周左右。

图33 黄花菜

 如何进行蔬菜的分级？

蔬菜采收后，按国家或地区制定的商品质量标准分级，对贯彻优质优价政策，促进蔬菜产品的商品化、标准化，降低损耗都有重要意义。蔬菜产品一般分成特级、一级和二级3个等级，主要按产品的健全度、大小、重量、颜色、形状、清洁度、成熟度、新鲜度、整齐度以及病虫害和机械损伤程度定出等级标准。特级质量最佳，要求具有本品种典型的形状和色泽，风味良好，无内部缺陷。大小、粗细、长短一致，在包装内排列整齐，仅允许有5%的误差。一级品的质量要求大致与特级相同，允许个别产品在外形和色泽上稍有缺陷，允许误差10%。二级产品可以有一定的外部和内部缺陷。

306 蔬菜如何保鲜？

利用"纸"留住蔬菜水分。叶菜类通常无法久放，最简单的方法是利用旧报纸，将叶片喷点水，然后利用报纸包起来，以直立的姿势茎部朝下放入冰箱冷藏室，就可以有效延长保存时间，留住新鲜。

307 蔬菜应如何吃更有营养？

绿色蔬菜中维生素、纤维素和微量元素含量较高，与人体健康关系密切，如果要充分摄取绿色蔬菜中的营养物质，则应注意以下四点：

(1)能生吃的蔬菜尽量生吃。青菜未经加热烹饪，可使多种维生素不被破坏和丢失。如萝卜、黄瓜、山芋、柿子椒、西芹等都可以生食，既可以尝到自然美味，维生素也没被破坏。但生食蔬菜应注意卫生。

(2)吃饭时应先吃蔬菜。当人饥饿时，食欲特别旺盛，面对满桌的美味佳肴，应首先进食蔬菜。因为蔬菜是保持身体营养均衡的重要菜肴之一，尤其是不太爱吃水果的人更要注意这种进餐方法。

(3)食用时需要煮透的一定烧透。如扁豆、刀豆有一定的豆角毒素，如果不煮透，毒素没有破坏，食用易发生中毒事故。

(4)食用时尽量不加佐料。绿色蔬菜最佳吃法是在开水中快速烫一下，尽量不要加佐料，力求清淡，品味自然好。

308 不同季节哪些蔬菜容易受到农药的污染？

由于不同的季节发生不同种类的病虫害，需要使用农药进行防治。一般情况下，早春生产的茄果瓜类蔬菜病害发生较多，使用杀菌剂比较普遍。茄果瓜类、豆类是连续性采收，生产期长，因此边使用农药防治病虫、边采收是生产此类蔬菜的特点。农药的安全采收间隔期农药残留较难控制。秋季发生害虫的种类较多，且抗药性强，使用农药较多。散生形绿叶菜较包心类叶菜受农药残留污染较严重。因此，冬春季可多选购绿叶菜，秋季多选购茄果瓜类、包心类叶菜。夏季要改变消费习惯，多选购卷心菜类的叶菜食用比较安全。因为卷心菜生产过程中由外向内包心，如喷洒农药也只在老叶上，采收时老叶已经去除，所以比较安全。

309 如何选购梨？

梨(图34)肉脆嫩多汁，酸甜可口，清热化痰，滋阴润肺，在古代被称为"宗果"，是水果之祖，十分受人们喜爱。挑选梨有讲究，不仅要选择果皮薄、细、没有病虫害、疤斑或外伤的梨，还要特别注意梨的果形和果肉。优质梨的果实新鲜饱满，果形端正,因品种不同而呈青、黄、月白等颜色;果肉肉质细腻,质地脆而鲜嫩,石细胞少,汁液丰富,多呈甜味或酸味(因品种而定)。如果果形不端正,有畸形,无果柄,果实大小不均或个头偏小;肉质粗糙质地差,汁液较少,石细胞大且多,味道淡薄甚至有苦、涩味,说明该梨质量很差。

图 34 梨

 如何选购桃?

桃(图35)以整个果实呈粉红色为上品,食用时小心果皮上的茸毛,因为易刺激喉部而咳嗽。果内易有虫,特别要留意果蒂部的凹位。

图 35 桃

 如何选购椪柑?

椪柑(图36)是近年来发展较快的柑橘品种,因其味甜、少酸、化渣深受消费者欢迎,近年椪柑在湖北省宜昌市发展较快,出现了岩松坪、晓曦红等优质品牌。在选购椪柑时除认准品牌外,还应注意把握三个要点:一是选购食用时间要把握好,

不可过早,也不可太迟食用,12月至春节为最佳食用时间,过早味酸,过迟会有发酵的酒味。二看外观,果大、皮黄或红,无损伤为好。三捏,太软的果子过熟,食味不佳。

图36　椪　柑

 纽荷尔脐橙越大越好吗?

纽荷尔脐橙果实椭圆形,单果重200～250克,果面光滑,果色橙红,多为闭脐。果肉脆嫩化渣,汁多味浓,可食率73%～75%,果汁率49%左右,可溶性固形物12.0%～13.5%,每100克果肉含糖8.5～10.5克,含酸1.0～1.1克,维生素C含量50.3毫克,品质上乘。纽荷尔脐橙外观好,肉质佳,在市场上很受欢迎,价格一般比其他脐橙高出20%～30%。但在选购时并非单果越大越好,宜选200克左右大小为宜,过大的单果,其果瓣往往会发生絮状变化,食之无味。

 草莓长成畸形是用了激素吗?

春节前后,大棚草莓(图37)陆续上市,但此时草莓果往往出现多峰如佛手的畸形,很多消费者害怕该果因施用激素所致而不敢食用。其实,该果形成的主要原因在于春节前后气温低,花粉传播不畅,种子发育不良所致,与是否使用激素无直接关系。

图37　草莓

314 土豆发芽能吃吗?

土豆发芽时,在出芽部位会产生一种叫作"龙葵碱"的毒素,这种毒素进入人体,人就会出现恶心、呕吐、头晕和腹泻等中毒症状,严重时还会造成呼吸器官麻痹而死亡。

那么,发芽的土豆是不是不能吃了呢?人们经过反复试验证明:当土豆的芽生长不大,又经过一定的处理以后还是可以吃的。因为毒素是由芽的萌发而形成的,所以毒素的累积以芽眼为中心,当芽还小的时候,毒素还没有扩散开,只要将芽及芽眼挖掉一块就行了,芽稍大些的土豆,除了在芽眼部位挖去一块外,还应在其附近削去一块。另外,各个芽并不是同时萌发的,一般是顶芽首先萌发,靠近顶芽的腋芽次之,其他部位的芽萌发较晚。如果顶部的芽长得较大,其他的芽还没有萌发,将顶部切除即可。

发芽的土豆经上述处理后,仍会残留一部分毒素,所以还应在水中多浸泡一些时间,使毒素再溶解掉一部分,加热时再多煮一会儿。这样处理后一般就不会发生中毒了。如果芽长得太大,那就不能吃,削下来的东西如果用来喂牲畜,也必须经水浸泡和水煮,否则牲畜吃了也会中毒。

315 如何预防四季豆中毒?

生的四季豆中含皂苷,可引起出血性炎症,并对红细胞有溶解作用。此外,豆粒中还含红细胞凝聚素,具有红细胞凝聚作用。如果烹调时加热不彻底,四季豆的毒素成分未被破坏,食用后会引起中毒。

预防四季豆中毒的方法非常简单,只要把全部四季豆煮熟焖透就可以了。另外,还要注意不买、不吃老四季豆,把四季豆两头和豆荚摘掉,因为这些部位含毒素较多。

316 野菜都是安全蔬菜,这种观点正确吗?

这种说法并不完全正确。如果是出自无外来污染且土壤和灌溉水均符合有关蔬菜产地环境标准要求的野生蔬菜,确是上佳的食品。如果这些野菜生长在野生带,受污染就是很自然的事,并且污染物还较难清洗干净,如果食用了被污染的野菜,会对身体造成危害,严重的还会引起食物中毒。另外某些生长在纯天然环境中,附近没有污染源,周围没有农作物(不用施用农药)的野菜,也可能因为有些土壤本身成土母质的关系而含有某种重金属,而部分野菜对环境中的重金属有富集作用,这些野菜中的重金属含量往往超过正常蔬菜水平的数倍甚至更高,而长期食用这类蔬菜可能导致重金属在人体内富集,危害人体健康。

七、生活小常识

317 有虫眼的蔬菜就一定是安全的吗？

蔬菜有没有虫眼并不能作为蔬菜是否安全的标志。有很多虫眼只能说明曾经有过虫害，并不能表示没有喷洒过农药。如果菜幼小时叶片留下了虫眼，虫眼反而会随着叶片长大而增大。有时候虫眼多的蔬菜，菜农为了杀死害虫反而会喷药更多。此外，害虫同样具有抗药性，一旦产生抗药性，菜农往往需要加大剂量才会有效果。所以，看蔬菜是否有农药残留不能只看它有没有虫眼。

318 购买的新鲜蔬菜应浸泡几小时后方能食用，这种观点正确吗？

蔬菜生产中使用的农药分为水溶性和脂溶性两种，而且大多数农药都能溶于水。因此，在洗菜的过程中，浸泡几个小时与流水反复冲洗多次的效果一样，均只能去除蔬菜表面附着的可溶于水的农药残留，而对蔬菜吸收的农药基本没有太大作用。而且，如果农药残留处于一个很高水平的时候，若把这些蔬菜浸泡在水中，水溶性农药残留会溶解于水，这样就相当于把蔬菜放到了稀释的农药当中去浸泡。由于水中农药残留浓度高于蔬菜内部，这些农药会向蔬菜组织内部渗透，造成蔬菜组织内部农药残留的增高，使蔬菜污染加重，反而对身体不利。因此，不推荐把新鲜的蔬菜浸泡过长时间的洗菜方法，可采用流水多次反复冲洗后再浸泡少许时间的洗菜方法。

319 买到假冒劣质农产品后该怎么办？

民众在市场买到假冒劣质的农产品，可以与经营者协商解决，或请求消费者协会调解，也可以向主管部门申诉，或者根据与经营者达成的仲裁协议提请仲裁机构仲裁。以上都未能解决，可以向人民法院提起诉讼。按照《中华人民共和国农产品质量安全法》第五十四条的规定，如果在批发市场购买的农产品，可以向批发市场直接要求索赔。这里要提醒消费者，在消费购物时，一定要索要发票，并尽可能地保存购买发票、农产品包装以及因问题农产品导致就诊的各类票据、病历等相关证据。

320 如何选购河蟹？

（1）看活力。购买河蟹（图38）首先一定要买活的，死蟹含有大量嗜盐菌，人吃了会出现恶心、呕吐、腹泻等中毒症状。买时可用手指逗弄河蟹的眼睛，如果它立即有反应，就表示生命力旺盛；若眼睛突出且无反应，则可能已经死亡。另外，也可以将河蟹翻转身，腹部朝天，如果能迅速用螯足弹转翻回的，活力强，可以保存；不能翻回的，活力弱，不能长时间存放。

（2）看蟹壳。正常河蟹壳背呈墨绿色，一般都体厚坚实；呈黄色的则多数比较瘦弱。如果壳色呈浅金黄色或者蟹壳后半部两边开始变白的,壳宽等于或略小于壳长的,多数是生过病、受过暑天高温损伤或者有过缺氧情况的蟹,因此这类河蟹不但比较瘦,而且品系不良,味苦肉涩。

图38 河 蟹

(3)看肚脐。肚脐凸出的蟹,一般膏肥脂满;凹进去的,大多膘体不足。肚脐呈白色,而且蟹体不粘脏,自然干净的河蟹属于上品;肚脐呈灰黑色、铁锈色,且蟹体粘脏,肚脐及两侧有污点,是养殖水质不好、密度过高、营养不良造成的。

(4)看螯足。螯足上绒毛丛生,两边步足前端金黄并生有刚毛,一般膘足老健;而螯足无绒毛,则体软无力。

(5)看雌雄。农历八九月里适宜吃雌蟹,十一月后蟹黄老化而无味;农历九月过后宜吃雄蟹。

321 如何清洗和烧煮河蟹?

吃新鲜螃蟹时,可以把蟹放入淡盐水中浸一下,可使其吐出污水和杂质。煮时必须先洗刷干净,在清洗时,尤其注意蟹腹螯肢要洗刷彻底。有的人喜欢吃醉蟹、生蟹,认为生蟹鲜美,其实蟹体内不但可能附有各种病毒、细菌,而且还可能寄生肺吸虫囊幼,仅靠浸渍黄酒、白酒等无法达到彻底杀菌消毒的效果。若要放心食用,最好经高温煮熟煮透20～30分钟,否则没有煮透,也很可能病从口入。

在食用螃蟹时还要注意,除了蟹壳不能吃外,鳃和胃也吃不得,打开蟹壳,两侧灰白色条状、柔软的就是鳃条,应该取下弃除;在蟹壳的前半部,眼睛的下方,呈三角形的就是胃,也要小心分离后取出,因为蟹喜食腐败小动物,它的胃中含有各种致病菌和有毒物质,要注意蟹的胃壁很薄,容易弄破,取出时不要污染黄膏。蟹肉蛋白质丰富,容易腐败变质,所以最好即吃即蒸,不要吃剩蟹。

322 如何选购银鱼干和新鲜银鱼?

(1)市场上银鱼干种类。第一种是网中暴晒而成的银鱼干,鱼体完整,色泽洁白有光,其肉嫩、味鲜的特色基本不变,吃起来和鲜银鱼无差异。第二种是在制作过程中,因有阴雨天不易即时加工,加入少许食盐而成,这类银鱼干色略成淡黄,吃起来仍美味可口。第三种是在制作过程中加入明矾,鱼体呈白色而不透明,吃起来味道较差,有苦涩感,且压秤。

(2)新鲜优质银鱼(图39)形状。以洁白如银且透明为佳,体长2.54厘米为宜,手从水中操起银鱼后,将鱼放在手指上,鱼体软且下垂,略显挺拔,鱼体无黏液。

(3)买新鲜银鱼可掌握三个技巧。一看,冰鲜银鱼或化冻后的冻银鱼,呈自然弯曲状,体表色泽呈自然色,无明显异常;体表特别光亮,形体呈直线状,可能有甲醛浸泡的迹象。二嗅,无异味、腥味及特别刺激性气味,属正常;带有刺激性气味的银鱼可能含有甲醛等有机化学试剂或受到其他污染。三摸,通过手指挤压,质量好的银鱼肉质色泽有透明感并与体表相同,易破碎;含有甲醛的银鱼外体较硬质,挤压时不易破碎。

图 39　银鱼

323　海蜇干品如何鉴别与选购?

海蜇包括蜇皮和蜇头两部分。伞形部分是蜇皮,珊瑚状部分是蜇头;市场上还出售一种脱膜的海蜇皮。海蜇质量的鉴别与选购主要采取以下方法:

(1)看色泽。优质蜇皮色泽晶莹透白或呈淡黄色,有光泽,无红衣、红斑、泥沙,是经盐矾加工,鲜活腌制的,越大、越厚、越白,越好;上等蜇头呈红黄色,有光泽。如系捕捞后放置时间太长才加工腌制者,其新鲜度较差,色面发红;蜇皮在加工中若使用盐矾比例不当,则发硬,颜色泛红,质量亦次;蜇皮颜色呈紫红色的,质量更差。

(2)闻气味。优质海蜇无腥味;次等海蜇有点腥味;劣质海蜇腥臭味浓重。

(3)查肉质。用手拉时,优质品肉质较坚韧,有弹性,不易脆裂,蜇体坚实完整;若用手拉海蜇时感觉坚韧,硬性过度,为老海蜇,质量较次;手搓易破碎,发软,弹性差者,为劣质品。若肉质发软,无弹性,呈紫黑色,有腥臭味,并有脓状液体,则已变质,不可食用。

(4)试口感。口尝无腥味,一咬发出"咯瞪"响声,又脆又嫩,不塞牙,则是优质品;嘴嚼韧绵或发硬,则是次品。若口尝腥味浓重发软,是变质品,不可购买。

324　如何选购海参?

海参(图40)有多个品种,以形体完整(体表无残迹和下缺陷点),光泽洁净,肥壮饱满,肉刺挺拔鼓壮,颜色纯正,或显柿红色、或呈淡白色,且有香味者,为上品;体形基本完整,局部有黑点,背部有暗红色者,为次品。劣质海参,有的是将海参用水泡发,掺入大量食盐和草木灰加工后出售,在选购海参时应特别注意鉴别,以防误购。

(1)看外表。劣质海参呈灰黑色,形体饱满,微透盐晶,刺秃,用手摩擦其表皮,手上会染上黑色。

(2)看内部。劣质海参用手掰开后,可见其内部充满黑灰色杂质。

(3)看重量。劣质海参普遍分量不足,500克袋装海参,重量一般要少20克左右,如果将其内部杂质除去,每袋重量仅为150克左右。

(4)看包装。劣质海参多用不透明塑料袋包装,包装封口不良,没有标明厂名、厂址和商标,有的只含糊地印有产地名称。

图40 海参

325 如何选购鱿鱼?

常见的有椭圆形和长形两种。体形完整坚实,光亮洁净,呈卷曲状,肉肥厚,呈鲜艳的粉红色,尾部、背部红中透暗,体表有轻微白霜,有鱿鱼香味,体长较大者,为上品;两侧有微红斑点者为次品。市场上有些是用工业碱发制的,香味不正或无香味,不可购买。

326 如何选购墨鱼?

体形完整(体扁平略呈三角形,体中间有一长圆形鱼骨),色泽光亮洁净,肉体平展、宽厚,呈棕红色半透明状,有墨鱼清香味,体形较大者为上品;局部有褐斑,表面带粉白色,背部呈暗红色者,为次品。目前市场上有用工业碱发制的,应注意鉴别,不可购买。(图41)

图41 墨鱼

327 如何选择干贝?

干贝主要是用贝类中的扇贝、明贝和江瑶贝,经煮熟将其闭壳肌剥下,洗净晒干后制成的。色泽浅黄且有光泽,表面有白霜,粒度整齐,体面干,不碎、无杂质,肉坚实饱满,肉丝清晰粗实,有特殊香味,味鲜盐轻者,是上品;反之,颜色发黑,粒度参差不齐,有杂质,肉松软,无香味,咸而不鲜者,为次品。注意市场上有些人工制造的假货,颜色暗淡,肉丝不清晰或无肉丝,不可购买。

328 如何选购虾米及虾皮?

虾米(图42)肉细结实,洁净无斑,色泽鲜红或微黄,光亮有鲜香味,大小均匀者为上品;肉结实,但有一些黑斑或粘壳,色泽淡红,大小相差较大者为次品。

虾皮纯净身干,片大整齐,呈淡红色(生晒者为淡黄色),有光泽,较硬,有鲜虾味,无杂质者为上品;颜色呈淡黄色,无鲜味,带有霉点者为次品。劣质虾皮则含杂质、灰质多,有异味,不宜选购。

图42 虾米

329 如何选购鱼肚?

以雄黄鱼肚为最佳,应选板片大、坚实,边缘刀口齐整,厚度均匀,色泽淡黄,洁净半透明,涨性好者。

330 如何选购鱼翅?

应选翅块完整,无鳍骨、鳍根,无残肉和骨质物,洁净,有光泽,色淡白,皮面无破裂或少破裂者。

331 如何选购碱发水产品?

长期食用含碱量大的水产品,有可能腐蚀刺激口腔黏膜、声带、咽喉和食道,对人体有害。还有的商贩售卖的水产品存在质量问题,比如药残超标、水产品增重、漂白或着色、甲醛超标、受水质污染等。在选购水产品时首先要做好感观检查,看体表、鱼鳞、鱼鳃、鱼眼、鱼肉的新鲜程度。最重要的是要在有保鲜或冷冻保鲜条件的正规超市、经销处购买,商家应具有营业执照和卫生许可证,能够提供《产地证明》和《产品质量证明》,消费者须注意索要销售凭证。

332 如何鉴别家养甲鱼与野生甲鱼?

野生甲鱼因其营养价值高、口味优于养殖甲鱼,所以市场价格高出养殖甲鱼8～10倍。现今野生甲鱼资源锐减,很多销售甲鱼的人往往以养殖甲鱼冒充野生甲鱼蒙蔽消费者。消费者只有学会鉴别野生甲鱼真假的方法,才能吃上真正的野生甲鱼。

(1)看背面。野生甲鱼背面光滑,颜色呈黄绿色或橄榄绿色;养殖甲鱼背面粗糙,颜色呈灰白色。

(2)看裙边。野生甲鱼裙边厚实,养殖甲鱼裙边很薄。

(3)看爪子。野生甲鱼四肢蹬力大,爪子硬、尖、黄;养殖甲鱼四肢蹬力弱,爪子不硬不尖发白。

(4)看躯干。野生甲鱼躯干薄而瘦,养殖甲鱼厚而肥。

(5)看底板。野生甲鱼底板发黑,花纹清楚颜色发暗;养殖甲鱼底板呈红白色。

(6)看肋下。野生甲鱼肋下干净,养殖甲鱼有污物。

(7)看牙齿。野生甲鱼牙齿发黄牙垢多而坚固,养殖甲鱼牙垢少易脱落。

(8)看口感。野生甲鱼食用时感到黏性很强,养殖甲鱼黏性很差,炖时最明显。

333 如何鉴别甲醛泡发的水产品?

甲醛是一种用作防腐与消毒的化学品。用甲醛处理过的水产品,不易腐烂,保存期延长。同时,吸水后膨胀定型,体积增大,重量增加。因此,售价较便宜。鉴别方法如下:

(1)看。一般来说,使用甲醛溶液泡发过的鱿鱼、虾仁,外观虽然鲜亮悦目,但色泽偏红。

(2)闻。会嗅出一股刺激性的异味,掩盖了食品固有的气味。

(3)摸。甲醛浸泡过的水产品,特别是海参,触之手感较硬,而且质地较脆,手捏易碎。

（4）口尝。吃在嘴里，会感到生涩，缺少鲜味。不过，凭这些方法并不能完全鉴别出水产品是否使用了甲醛。若甲醛用量较小，或者已将鱿鱼、海参、虾仁加工成熟，施以了调味料，就较难辨别了。

（5）化学鉴别法。将品红亚硫酸溶液滴入水发食品的溶液中，如果溶液呈现蓝紫色，即可确认浸泡液中含有甲醛。此法可供单位食堂与饭店一次性大量采购水发食品时使用。

334 如何鉴别黑木耳的品质？

（1）看朵。凡是朵大而适度、耳瓣舒展、体质轻、吸水膨胀性大的为上品；朵稍小、耳瓣略卷、体稍重、吸水膨胀性一般者为中品；朵小或碎、耳瓣卷而厚粗或有僵块、体重的为下品。

（2）看色。朵面乌黑有光泽、朵背略呈灰白色的为上品；朵面微黑、无光泽的为中品；朵面呈灰色或赭色的为下品。

（3）手捏。取少许黑木耳（图43）用手捏易碎，松手后朵片有弹性，且能很快伸展的，说明含水量少；如果手捏有韧性，松手后朵瓣伸展缓慢，则说明含水量大。

（4）口尝。取少许黑木耳放入口中略嚼，应觉纯正气味，并有清香气。有异味、怪味者则为掺假之品；有湿味，说明用矾水泡过；有咸味，是用盐水泡过；有甜味，是用饴糖水拌过；有碱味，是用碱水泡过。这些掺假的黑木耳，不仅重量会增加，而且质量也差，不宜购买。

图43 黑木耳

335 如何区分银耳质量优劣？

首先，质量好的银耳（图44），耳花大而松散，耳肉肥厚，色泽呈白色或微黄，蒂头无黑斑或杂质，朵形较圆整，大而美观。如果银耳花朵黄色，一般是下雨或受潮烘干的。如果银耳色泽呈暗黄，朵形不全，呈残状，蒂间不干净，属于质量差的。其次，质量好的银耳应干燥，无潮湿感。再次，质量好的银耳应无异味，如尝有辣味，则为劣质银耳。银耳受潮会发霉变质，如能闻出酸味或其他气味，则不能再食用。

图44 银耳

 **如何识别有毒蘑菇？**

识别蘑菇是否有毒,可在煮蘑菇时,放进几粒白米饭,如果米饭粒变黑,那就是毒蘑菇,不可食用。如果米饭粒没有变黑,那就是无毒蘑菇,可以食用。

 **茶叶分几大类？是按什么标准分类的？每类的代表产品有哪些？宜昌生产哪几类茶？**

茶叶分为六大类,即红茶、绿茶、黄茶、黑茶、青茶、白茶。茶叶分类是按干茶的颜色和茶汤的颜色进行分类的,各类茶的代表产品：

红茶：祁红茶、滇红茶、宜红茶等。

绿茶：西湖龙井、碧螺春、采花毛尖、大宗炒青茶、烘青茶、毛尖等。

黄茶：霍山黄茶、鹿苑茶等。

青茶：铁观音、乌龙等。

白茶：白牡丹、安吉白茶等。

黑茶：普洱茶(饼、沱)、青砖、伏砖等。

目前宜昌主要生产三类茶叶,即绿茶(采花毛尖、邓村绿茶、萧氏毛尖等)、红茶(宜昌宜红)、黑茶(长盛川青砖茶)。

 **如何区别陈茶和新茶？**

(1)观其色。绿茶色泽清脆碧绿,汤色黄绿明亮；红茶色泽乌润,汤色红橙泛亮,是新茶的标志。茶在贮藏过程中,构成茶叶色泽的一些物质会在光、气、热的作用下发生缓慢分解或氧化,如绿茶中的叶绿素分解、氧化,会使绿茶色泽变得枯灰无光,而茶褐素的增加,则会使绿茶汤色变得黄褐不清,失去了原有的新鲜色泽；红茶贮存时间长,茶叶中的茶多酚产生氧化缩合,会使色泽变得灰暗,而茶褐素的增多,也会使汤色变得混浊不清,同样会失去新红茶的鲜活感。

(2)闻其香。科学分析表明,构成茶叶香气的成分有300多种,主要是醇类、脂类、醛类等物质。它们在茶叶贮藏过程中,既能不断挥发,又能缓慢氧化。因此,随着时间的延长,茶叶的香气就会由浓变淡,香型就会由新茶时的清香馥郁而变得低闷混浊。

(3)品其味。因为在贮藏过程中,茶中的酚类化合物、氨基酸、维生素等构成滋味的物质,有的分解挥发,有的缩合成不溶于水的物质,从而使可溶于茶汤中的有效滋味物质减少。因此,不管何种茶类,大凡新茶的滋味都醇厚鲜爽,而陈茶却显得淡而不爽。

339 如何辨别春茶、夏茶和秋茶?

(1)干看。主要从干茶的色、香、形三个因子上加以判断。凡绿茶色泽绿润,红茶色泽乌润,茶叶肥壮重实,或有较多白毫,且红茶、绿茶条索紧结,珠茶颗粒圆紧,而且香气馥郁,是春茶的品质特征。凡绿茶色泽灰暗,红茶色泽红润,茶叶轻飘松宽,嫩梗宽长,且红茶、绿茶条索松散,珠茶颗粒松泡,香气稍带粗老,是夏茶的品质特征。凡绿茶色泽黄绿,红茶色泽暗红,茶叶大小不一,叶张轻薄瘦小,香气较为平和,是秋茶的标志。

(2)湿看。就是对茶叶进行开汤审评,作为进一步判断。凡茶叶冲泡后下沉快,香气浓烈持久,滋味醇,绿茶汤色绿中显黄,红茶汤色红艳现金圈,茶叶叶底柔软厚实,为春茶。凡茶叶冲泡后,下沉较慢,香气稍低,绿茶滋味欠厚稍涩,汤色青绿,叶底中夹杂铜绿色芽叶,红茶滋味较强欠爽,汤色红暗,叶底较红亮,茶叶叶底薄而较硬,对夹叶较多者,为夏茶。凡茶叶冲泡后香气不高,滋味平淡,叶底夹有铜绿色芽叶,叶张大小不一,对夹叶多者,为秋茶。

340 如何区别高山绿茶和低山绿茶?

高山绿茶外形条索厚重,色绿、富光泽,泡出的茶汤色泽绿亮、香气高而持久、滋味浓厚、叶底明亮、叶质柔软;低山绿茶外形条索细瘦、露筋、轻薄,色黄绿,泡出的茶汤色清淡、香气平淡、滋味醇和、叶质较硬、叶脉显露。

341 泡茶时倒掉头道茶的好处有哪些?

中国是茶的故乡,茶文化源远流长,头道茶倒掉一是遵循头道茶不敬客的传统;二是头道茶倒掉能清洗加工过程中留下的不洁物;三是清洗茶叶,可有效降低茶叶中的农药残留。据有关报道,清洗茶叶可降低农药残留浸出物80%。

342 茶叶的贮藏方法有哪些?

(1)常温贮藏。主要用防潮性能较好的铝箔复合袋、各种金属罐、玻璃器皿以及茶箱、茶袋等贮藏。常温贮藏一般2～3个月,若遇30℃以上高温天气就会影响茶叶品质。

(2)脱氧包装保鲜。把茶叶放入内含脱氧剂(或除氧剂)的密封容器内,抑制茶叶品质发生陈化、劣变的一种方法。

(3)抽气充氮保鲜。是将装有茶叶的容器内部以去氧充氮的方式来防止茶叶陈化、劣变的一种方法。

(4)低温贮藏保鲜。利用降低贮藏环境的温度,降低茶叶内化学成分氧化反应的速度,从而减缓茶叶品质陈化劣变的一种保鲜方法。一般情况下,在5℃以下贮藏8～12个月,在-10℃以下贮藏2～3年茶叶品质基本不变。

 **有机磷中毒有哪些症状?**

有机磷农药(如甲胺磷、氧化乐果、敌敌畏、敌百虫等)中毒症状一般在接触后0.5～24小时会出现。开始中毒时症状是感觉不适,恶心,头痛,全身软弱和疲乏。随后发展为流口水(唾液分泌过多),并大量出汗、呕吐、腹部痉挛、腹泻、瞳孔缩小、视觉模糊、抽搐、肌肉自发性收缩、手震颤,呼吸时伴有泡沫,病人可能阵发性痉挛并进入昏迷。严重的可能导致死亡,程度轻的患者在一个月内恢复,一般无后遗症,有时可能有继发性缺氧情况发生。

 **氨基甲酸酯类农药中毒有哪些症状?**

氨基甲酸酯类农药(如呋喃丹、速灭威)的中毒症状在3小时后开始出现,开始的中毒症状为中毒者感觉不适,并可能有呕吐、恶心、头痛和眩晕、疲乏和胸闷。之后病人开始大量出汗和流唾液(流口水),视觉模糊,肌肉自发性收缩、抽搐、心动过速或心动过缓,少数人可能出现阵发痉挛,甚至昏迷。一般在24小时内完全恢复(极大剂量的中毒者除外),无后遗症和遗留残疾。

 **有机氯农药中毒有哪些症状?**

有机氯农药(如三氯杀螨醇)的中毒一般在接触药剂后数小时出现,开始的症状表现为头痛和眩晕,出现忧虑烦恼、恐惧感,并可能情绪激动。之后可能有呕吐、四肢软弱无力、双手震颤、癫痫样发作,病人可能失去时间和空间的定向,随后可能有阵发痉挛。一般在1～3天内死亡或者恢复,恢复者一般无后遗症或永久性残疾。

 **拟除虫菊酯类农药中毒有哪些症状?**

拟除虫菊酯类农药(如氯氰菊酯、氰戊菊酯)可以引起接触部位皮肤的感觉异常,特别是在前臂、面部和颈部。一般在首次接触药剂后数小时内,接触部位的皮

肤感到刺痛，口、鼻周围最为明显。这种刺激是持续并不舒适的，但并非很痛苦，刺痛部位没有红斑或刺激迹象。这种局部效应是由受影响部位皮肤神经的不能延长所导致的。引起这种效应的各农药品种有程度上的差异，以溴氰菊酯最为严重。这种局部症状在停止接触药剂后（或彻底洗涤后）24小时内自行消失，也没有后遗症。

参考文献

[1] 张志国.农村食品安全知识读本[M].北京:中国医药科技出版社,2017.